海を渡る「慰安婦」問題

海を渡る「慰安婦」問題

右派の「歴史戦」を問う

山口智美
能川元一
テッサ・モーリス-スズキ
小山エミ

岩波書店

はじめに――海外展開を始めた日本の歴史修正主義者たち

山口智美

「歴史戦」と称して、日本の右派が「慰安婦」問題を中心とした歴史修正主義のメッセージを、海外に向けて発信する動きが活発になっている。歴史修正主義の動きは今に始まったわけではないが、第二次安倍政権発足後、政府による河野談話作成過程の検証や、二〇一四年の『朝日新聞』の「慰安婦」報道の再検証後のバッシングを経て、右派、および政府の海外に向けた発信や、海外の右派在外日本人、大使館や領事館の動きが加速した。本書は、こうした海外展開の実態を明らかにし、日本の政治・社会の歴史修正主義を問うことを目的とするものである。

「歴史戦」という言葉を広めたのは、二〇一四年四月に開始され、現在も続く『産経新聞』の連載「歴史戦」だろう。この連載をまとめた書籍において、取材班キャップで政治部長の有元隆志は、連載を「歴史戦」と名付けたのは、「慰安婦問題を取り上げる勢力の中には日米同盟関係に亀裂を生じさせようとの明確な狙いがみえるからだ。もはや慰安婦問題は単なる歴史認識をめぐる見解の違いではなく、「戦い」なのだ」と述べている(産経新聞社『歴史戦――朝日新聞が世界にまいた「慰安婦」の嘘を討つ』産経新聞出版、二〇一四年)。また、同書の帯には「朝日新聞、中国・韓国と日本はどう戦うか」と記されていることから、「歴史戦」の敵は『朝日新聞』と中国、韓国であるという想定が見える。

また、同書の日英対訳版の帯に掲載された推薦文、「これはまさに「戦争」なのだ。主敵は中国、戦場はアメリカである」(櫻井よしこ)、「慰安婦問題は日韓米の運動体と中国・北朝鮮の共闘に対し、日本は主戦場の米本土で防戦しながら反撃の機を待っているのが現状だ」(秦郁彦)を見ると、「歴史戦」の「主戦場」がアメリカと考えられていることもわかる(産経新聞社『History Wars Japan-False Indictment of the Century』産経新聞出版、二〇一五年)。

すなわち「歴史戦」とは、中国、韓国、および『朝日新聞』が日本を貶《おとし》めるために、歴史問題で日本を叩こうと「戦い」を仕掛けている、そして今、その主戦場がアメリカとなっており、日本は対抗せねばならないということなのだろう。右派は、「慰安婦」問題に関しては国内では勝利したと考える一方で、海外では負け続けていると認識している。「仕掛けられた歴史戦」に負け続ける被害者としての日本が強調され、こうした状況をつくっているとして、国内の左派や『朝日新聞』に加え、外務省も右派の槍玉にあがり、叩かれてきた。

こうした右派による「歴史戦」の動きと、安倍政権の関係は深い。そもそも安倍晋三は政治家としての活動初期から歴史修正主義に基づき発言、行動してきた人物であり、海外メディアにおいては歴史認識問題に関する安倍首相の姿勢を「歴史修正主義的」であるとする評価が定着している。安倍首相のもとで、現在は、右派市民のみならず、日本政府も「慰安婦」問題をはじめとして、日本の植民地主義や戦争責任を否定する内容の海外発信を積極的に展開している。

第二次安倍政権以降に本格化した「歴史戦」だが、そのきっかけとなったのが、二〇一〇年にアメリカのニュージャージー州パリセイズパークに「慰安婦」碑が建てられたことだ。そして、一三年、カリフォルニア州グレンデール市の「慰安婦」像の建設に関し、日本の右派や、在米日本人右派が反対運動を起こし、グレンデール市を相手取る訴訟にまで発展した。それ以降も、アメリカのみならず、オーストラリア、カナダ、フランスなど各地で「慰安婦」像や碑の建設、博物館や漫画祭の展示や「慰安婦」決議などに関して、日本の右派や、在外の右派日本人から抗議運動が起こされてきた。

右派メディアに大きく取り上げられた右派市民の動きの陰には、「慰安婦」碑や像の建設反対の立場で介入してきた外務省、大使館や領事館の姿があった。また、外務省はアメリカの歴史教科書の「慰安婦」記述の訂正を要求し、学問の自由への介入だと海外の学者らから大きな批判を浴びた。与党自民党も、「国際情報検討委員会」や「歴史を学び未来を考える本部」などを設立し、歴史修正主義本を海外の政治家や学者にばらまくなど、「歴史戦」戦略を積極的に展開してきた。

日本の右派は国連を舞台とした「歴史戦」にも積極的な取り組みを見せるようになっている。特に二〇一四年からは毎年、右派代表団をジュネーブやニューヨークで開催される、「女性差別撤廃委員会」や「女性の地位委員会」などの会議に送り、現地で集会を開いている。

二〇一五年末の「日韓合意」を経た現在、「合意」の評価については右派内部でも意見が対立しているが、右派の「歴史戦」展開が落ち着く様子は見えない。日本政府に関しても、一六年二月、ジュネーブで開かれた国連の女性差別撤廃委員会で杉山晋輔・外務審議官が、「朝日新聞の報道が大きな影響を与えた」「「性奴隷」という表現は事実に反する」など、歴史修正主義者と同様の主張を行っている。国連の舞台で、まるで政府自ら「歴史戦」への参戦宣言をしたような状況だった。

本書は、このような「慰安婦」問題を中心とした右派や日本政府による海外展開の実態や、その背景に迫るものである。能川元一は一九九〇年代から現在に至る、論壇での「歴史戦」の経緯を詳細に追い（第1章）、小山エミは、アメリカのグレンデール市とサンフランシスコ市での「慰安婦」碑建設をめぐる係争と、日系アメリカ人コミュニティへの影響や日本政府の役割を論じる（第2章）。テッサ・モーリス-スズキは、日本の右派や政府による植民地主義の歴史の否定、およびそうした歴史観の対外発信について批判的検証を行い（第3章）、山口智美は、右派の「慰安婦」問題に関する運動の流れを概観するとともに、そうした動きと政府や自民党の関わりを指摘する（第4章）。

こうした日本の右派や政府による海外での「歴史戦」の展開について、まとまった論考が書籍という形で出版されるのは初めてだろう。海外在住の小山、スズキ、山口は右派の「歴史戦」の働きかけを身をもって体験する当事者である。本書が、現在も広げられている歴史修正主義の動きの批判的分析を通して、現状への理解を深め、対抗策を編み出していくための一助となることを期待したい。戦時性暴力のサバイバーである元「慰安婦」たちの声が、歴史修正主義者らによってこれ以上、中傷され、否定され、消されていくのではなく、逆に歴史に刻まれ、記憶に残され、そして「慰安婦」問題の被害者の側に立った本当の意味での解決につながられるためにも。

＊なお、本文中の敬称は省略した。

山口智美

目次

海を渡る「慰安婦」問題

右派の「歴史戦」を問う

第4章　官民一体の「歴史戦」のゆくえ……………………山口智美　97

第 1 章

「歴史戦」の誕生と展開

能川元一

本章では『産経新聞』や月刊誌『正論』（産経新聞社）が中心となって昨今繰り広げている「歴史戦(争)」(1)キャンペーンの由来を主に保守・右派論壇（以下、「右派論壇」とする）の動向から明らかにし、「歴史戦」がなにを目指しているのか、またその主張がどのような問題をはらんでいるのかを明らかにしていきたい。(2)

「歴史戦」前史——転機としての「一九九七年」

戦後の歴史教育に対する政治的な攻撃は保守合同直後にさかのぼることができるが、歴史修正主義の現状に直接つながる流れを概観するうえでは一九九七年前後がきわめて重要な節目となっている。

いまとなっては意外に思われるかもしれないが、日本軍「慰安婦」問題が戦後補償問題における新たな課題として浮上した一九九一年夏—九二年初めからしばらくの間、右派論壇のこの問題に対する動きは現在ほど活発なものではなかった。〝反撃〟のための準備が整っていなかったことが一つの理由であろうし、もう一つの理由としては反共の盟友——ただしあくまで〝格下の〟盟友——である韓国政府への配慮もあったものと思われる。後者については九二年一月の宮澤喜一首相（当時、以下同じ）の訪韓直後、『正論』一九九二年三月号に掲載された佐藤勝巳『現代コリア』主幹の「「従軍慰安婦」か「北の核」か」が当時の右派論壇の関心の在り処を明らかにしていると言えるだろう。九三年八月に発表された「河野談話」についても、同談話に対する右派の後の攻撃を考えれば驚くほど控え目な反応しかない。談話の翌月に発売された『正論』一九九三年一〇月号には談話を直接テーマとする記事はなく、[3]『諸君!』(文藝春秋社)の同年一〇月号に『産経新聞』記者の黒田勝弘が「日韓合作　慰安婦「政治決着」の内幕」を寄稿している程度である。それも「強制性」を認めた河野談話に至るまでの政府調査について、「強制性」の認定が韓国政府の要求に応えたものであるとしつつも、「理屈でいえば、結論が先にある真相調査は調査ではないのだが、政治的、外交的決着のためにはそういうこともありうるのだろう」と一定の理解を示すものとなっている(一二三ページ)。また『正論』の同年一二月号には「一九九三年アジア未来会議　韓日・日韓シンポジウム」の書き起こしが「反日と嫌韓の間」として掲載されているが、歴史修正主義者として名高い外交評論家、加瀬英明を含む日韓二名ずつ計四名の提題者のいずれも「慰安婦」問題には言及せず、質疑応答でも話題となっていない。

一九九五年にたちあげられた「女性のためのアジア平和国民基金」(アジア女性基金)に対しても右派論壇誌の論調は〝後押しもしないかわりに強く反対もしない〟というものであった。「戦場慰安婦に補償などということは、国家は取り上げることはできない。ただ個人の有志が提供する分には一向かまわないわけである」(渡部昇一「「戦後補償」という暴挙」『正論』一九九四年一一月号、六四ページ)という発想が、そうした態度の背後にあったと考えてよいだろう。

事態が大きく変わるのは一九九六年から翌九七年にかけてである。[4]『正論』一九九六年九月号に中村粲《あきら》・獨協大学教授が寄稿した「慰安婦問題に潜む虚偽」が「「従軍慰安婦」が来年度使用の中学校教科書に一斉に記載されるといふから、驚いたでは済まされぬ由々しい事態と云ふべきだ」（四七—四八ページ）としていることからわかるように、変化の大きなきっかけは歴史教科書に日本軍「慰安婦」問題が記述されるようになったことであった。『正論』一九九七年一月号には「新しい歴史教科書をつくる会」（以下「つくる会」）の発足記者会見にあわせるかのように藤岡信勝・東京大学教授のインタビュー「私が反日歴史教育に挑んだ決定的な動機」が掲載され、同年六月号では「つくる会」設立記念シンポジウムを収録した「「自虐史観」を超えて」と「つくる会」の呼びかけ人の一人であった高橋史朗・明星大学教授の「破綻した「従軍慰安婦の強制連行」説」があわせて掲載された。『諸君！』の方は一九九六年一〇月号に藤岡信勝の「「従軍慰安婦」を中学生に教えるな」を掲載。一九九七年一—三月号および九月号の四回、各号の目玉として目次のトップに位置づけられた論考が「慰安婦」問題か教科書問題関連のものとなっている。

　ほぼ同じ時期に、日本軍「慰安婦」問題が浮上するまでは日本における歴史修正主義の最大の攻撃対象であった南京大虐殺（南京事件）に関しても右派論壇を揺るがす動きがあった。[5] 虐殺から六〇年目となる一九九七年、中国系アメリカ人アイリス・チャンの *The Rape of Nanking* がアメリカで刊行（Basic Books 社）されベストセラーとなったことだ。また南京安全区国際委員会（後述）の委員長であったドイツ人ジョン・ラーベの日記が同年に刊行され、チャンらによってアメリカに紹介されることとなった。[6]『ザ・レイプ・オブ・南京』が右派に与えた衝撃の大きさは、一〇年後に藤岡信勝が「対「レイプ・オブ・南京」一〇年戦争の教訓」（『正論』二〇〇七年五月号）と題して振り返っていることからもうかがえる。

アイリス・チャンの登場は戦後世代の中国系アメリカ人がアジア・太平洋戦争の歴史に関心を向けるようになったことを意味するが、日本の右派にとっては南京事件が「日中」間の問題から「日米中」のそれへと変化したことを意味していた。また相前後して日本軍の「慰安所」制度を国家による女性への暴力、戦時性暴力の歴史的な事例として国際社会に認知させようとする被害者支援運動の努力が一九九六年のクマラスワミ報告、九八年のマクドゥーガル報告というかたちで結実した(7)。現在安倍内閣と右派が頑なに否認している「性奴隷制」という評価もこれらの報告書によって提唱されている。

このような動きが歴史認識問題に関する「反日包囲網」という右派の認識へとつながってゆく(8)。『諸君!』一九九七年三月号に掲載された秦郁彦《はたいくひこ》・千葉大学教授の「米中韓の新たな対日包囲網「慰安婦と七三一部隊」合体の仕掛人」はそうした認識を早い段階でかなり明確に打ち出したものと言えよう。少し長くなるが引用してみる。

一九九七年は終戦五十周年から三年目に当るが、どうやら日本の戦争犯罪、歴史認識を追及するジャパン・バッシングの年になりそうな気配である。

この包囲網には例によって少なからぬ数の日本人運動家も加わっているが、今までと一味ちがうところは、アメリカ、中国、韓国という三大国の影がちらついている点であろう。

すでに昨年(九六年)末からこの(九七年)一月にかけて、対日包囲網の形成を告げる次のような前兆的事象が現われている。

1　十二月三日……米司法省は旧日本軍の七三一部隊や「従軍慰安婦」の関係者十六人を入国禁止対象者に指定したと公表、中韓両政府が支持的声明を発す。

2　十二月六日〜八日……スタンフォード大学で中国系アメリカ人組織の「世界抗日戦争史実維護連合会」が主催して「第二次大戦における残虐行為についての日本の責任」と題する国際シンポジウムが開かれた。日本からは松村高夫（慶応大学経済学部教授）ら六人が参加、七三一部隊（石井部隊）の細菌戦を報告している。

3　十二月十日……首都ワシントンのホロコースト博物館でボストン大学医学部などによる「第二次大戦の残虐行為」に関するシンポジウムを開催、七三一部隊の研究家シェルドン・ハリス教授らが報告。

4　十二月十二日……中国系アメリカ人が組織している南京大虐殺受難同胞連合会がニューヨークで記者会見。南京難民区の委員長だった故ラーべ〔ママ〕博士の孫娘が同席して、ラーべのヒトラーあて報告書と日記を公開。主要テレビ、新聞が大々的に南京虐殺事件を報道（要旨は十二月八日付朝日新聞に紹介）。

5　一月十一日……アジア女性基金がソウルで元慰安婦に「償い金」など五百万円を支給したことに対し、支援団体などが反発、それまで日本の国家補償は不要と一貫していた韓国政府は一転して国家補償が必要と表明、金泳三大統領は池田外相へ償い金支給の「白紙撤回」を要請した。

1〜5が、周到に組まれたプログラムの一環かどうか確証はないが、連動している部分があるのはたしかで、私は、こうした一連の流れが徐々に高潮して、本年(九七年)八月に松村グループの手で予定されているという七三一部隊の被害者による集団訴訟で頂点に達するであろうと予想している。

これまで、七三一部隊の細菌戦、毒ガス使用、南京虐殺事件、慰安婦問題など旧日本軍の非行は、時差をおきバラバラに取りあげられてきた。対応する方も各個撃破が可能だったが、スクラムを組まれれば弱い。内応者もいることだし、退却につぐ退却という第二次世界大戦末期の惨状をくり返す可能性が高い。(9)

注目すべきは、ここで中国系アメリカ人の市民運動が「敵」として発見されていることである。引用文中にある世界抗日戦争史実維護連合会は近年もアメリカ各地での「慰安婦」碑設置問題(第2章参照)に関連して『産経新聞』紙上などで〝黒幕〟扱いされている。もちろん、現在では韓国系アメリカ人の運動が「敵」のリストに加わっているわけだ。「各個撃破」「内応者」といった〝戦い〟のメタファーもすでに用いられている。また右派論壇はこれらの市民運動を自律的な市民運動としてよりも中国や韓国の出先機関のように扱うが、アイリス・チャンは自分がコンタクトをとった中国系アメリカ人の活動(ちなみに引用中にある南京大虐殺受難──「殉難」という表記もあり──同胞連合会の元会長が、チャンをそうした市民運動に紹介した一人)を活発化させたのは天安門事件への抗議活動であったとしている[10]。

このように、一九九七年前後には(1)日本軍「慰安婦」問題が中学校の歴史教科書に記述されるようになったことをきっかけとして、右派論壇における「慰安婦」問題の重要性が高まるとともに、(2)旧日本軍の戦争犯罪に対してアジア系アメリカ人が関心をもつようになり、市民運動の国際的な連帯が生まれたこと、この二つの要因によって右派論壇に〝歴史認識・戦後補償問題をめぐる対日包囲網が形成されている〟という認識が成立する。

もちろんその前提になっているのは、アジア・太平洋戦争に関する歴史修正主義的な認識[11]である。南京事件はなかった、日本軍「慰安婦」問題に関して旧日本軍・日本政府が負うべき責任はない、という前提があるからこそ、日本政府の責任を追及する運動が「日本を貶めようとする運動」と認識されるわけである。

だがもう一つ、「対日包囲網」のような認識を生み出す背景となるものがあると思われる。それは歴史的事実(史実)に関する右派のシニシズム――おそらく主観的にはリアリズムとして解釈されている――である。南京事件について永野茂門・法務大臣が「でっちあげだと思う」と発言したことが一九九四年の五月に報じられ、就任早々に罷免された件をうけた佐瀬昌盛・防衛大学校教授の『諸君!』一九九四年七月号への寄稿「永野発言と国際感覚」がこのシニシズムを端的に表現していると言えるだろう。佐瀬は一九九四年五月七日の『読売新聞』朝刊に掲載された自身のコメントを引用するかたちで次のように述べている(一六二ページ、傍点引用者、以下同じ。カッコ内は佐瀬による補足、斜線は『読売新聞』での改行箇所に佐瀬が挿入したもの)。

〈こんな議論をいつまでやっても仕方がない。／五十年以上前の事件で、言われるような〔三十万もの〕虐殺があったのか、なかったのかは、誰も一〇〇%証明できない。これは論証の問題というよりは、説得力の問題だ。声が大きい方が勝つ。しかも、国内で決着のつかない論争の判定が国外に求められた形になっており、誰も積極的に『なかった』と対外的に言いたがらない状況の中で、永野法相のようなことを言えば、国外で非難が起きるのは火を見るより明らかだ。／マスコミを含めて理解していないのは、この論争が現在の国際政治ゲームのなかで行なわれているということだ。中国は『過去の歴史』を材料にして現在の政治ゲームを戦っている。永野氏がそのことに気づかなかったとすれば、勝ち目のない戦いをしたことになる〉〔後略〕

日本は国家の事業として南京事件についての調査を行ったことすらないにもかかわらず「誰も一〇〇%証明できない」と断じたうえで、「声が大きい方が勝つ」というのである。佐瀬はさらに次のように論じる（一六七ページ）。

論証ゲームでは論証力が勝敗を決める。だから、多数派の方が論証力において優るとは限らない。しかし、政治ゲームでは支持者の数が物を言い、そのためには論証において怪しくとも、熱心、かつ声高に、さらには確信的に自説を唱えるのが有効である。中国はそれをやってきた。そして日中間では政治ゲームが支配しているのだから、日本が勝てるわけがない。〔後略〕

つまり日本側から「熱心、かつ声高に、さらには確信的に自説を唱え」ることによって歴史認識「対日包囲網」を突破しようとする戦いこそが「歴史戦」なのである。もっとも、おもてだって「論証において怪しくとも」と認めることはないだろうが。

情報戦――第一次安倍内閣時代の右派論壇

ただ、この歴史認識をめぐる戦争は最初から「歴史戦」と名づけられていたわけではなかった。まず登場したのは「情報戦」というタームである。(12)「つくる会」の第九回シンポジウムの様子を収録した『正論』一九九九年五月号の記事は「日本の命運握る情報戦」と題され、リード文では「四人のパネリストは新しい話題を提供しながら、健全なナショナリズムを育む歴史教科書と、反日勢力との情報戦に勝利する必要性を力説した」(三〇九ページ)とされている。登壇者の一人、高森明勅《たかもりあきのり》・國學院大学講師が「こういうもの〔外国人記者がもっている歴史認識を指す、引用者〕を突破していくには、地道な学問的検証に加えて、いかに学問がそういう内外の政治的思惑を乗り越えていくかという自覚的な取り組みをしていかなきゃいけない」(三三五ページ)と発言しているのは興味深い。「学問的検証」という建前を保持しつつも、「情報戦」が政治運動とならざるをえないことを事実上認めているからだ。そして右派が「内外の政治的思惑を乗り越えていく」のにうってつけの機会がまもなくやってくる。二〇〇六年九月の第一次安倍内閣成立である。

ここで、安倍晋三という政治家と右派論壇との密接な関係を示すデータを紹介しておきたい。二

表 1-1　右派論壇誌における自民党総裁経験者の登場回数.
(2000 年 2 月号—12 年 10 月号)

論者名＼誌名	『正論』登場回数	『諸君！』＋『WiLL』登場回数
安倍晋三	20 回(11 回)	17 回(10 回)
福田康夫	0 回	0 回
麻生太郎	0 回	1 回
谷垣禎一	1 回	0 回
石破　茂	4 回	4 回

注：『諸君！』は 2000 年 2 月号—09 年 6 月号,『WiLL』は 2009 年 7 月号—12 年 10 月号.

〇〇〇年代にはいってから安倍が首相退任後に再び自民党総裁に返り咲くまで、月刊論壇誌の刊行スケジュールで言えば二〇〇〇年二月号から一二年一〇月号まで（増刊号を含む）の間に、ポスト小泉の自民党総裁経験者を月刊右派論壇誌がどれくらい起用してきたかを示すデータである（表1-1）。国立国会図書館の「雑誌記事」データベースで「論者」に安倍晋三、福田康夫、麻生太郎、谷垣禎一の各総裁経験者と二〇一二年の総裁選で安倍と争った石破茂を設定して検索してみた。検索の対象は『正論』『諸君！』および『WiLL』（ワック）である。『諸君！』は二〇〇九年六月号を最後に休刊となっており、『WiLL』は二〇〇五年一月号が創刊号であるが、ここでは二〇〇〇年二月号—〇九年六月号までの『諸君！』と二〇〇九年七月号—一二年一〇月号までの『WiLL』への登場回数を合計した数字を用いた。両誌が併存していた期間を『諸君！』だけで代表させたのはその期間に〝勢い〟があった政治家の露出度を過大評価しないためだが、結果的にはほとんど影響はない。安倍については二〇〇七年の首相退任から二度目の自民党総裁就任までの期間、二〇〇七年一一月号から一二年一〇月号までの数字を（　）内に付記した。

安倍—麻生までの総裁在任期間はいずれも約一年間で大差ない。

谷垣の総裁在任期間は約三年だが総理大臣経験はない。石破茂の計八回は比較的多いように思えるかもしれないが、そのうち五回は自衛隊のイラク派兵が国論を二分していた二〇〇四年に防衛庁長官・前長官として登場している点を割り引く必要がある……。だがこのような条件を勘案するまでもなく、安倍晋三の露出度が突出していることが直ちにわかるだろう。一九九七年の二月に結成された「日本の前途と歴史教育を考える若手議員の会」(のち会名から「若手」が削除される)において事務局長を務めていた安倍は、ことほどさように右派論壇から待望された総理大臣だったわけである。右派論壇が「内外の政治的思惑を乗り越えていく」好機と考えたのも当然であろう。

他方で、二〇〇七年はそれ以外にも右派論壇が歴史認識問題に注力すべき理由がいくつも重なる年であった。第一に、二〇〇六年から翌〇七年にかけてアメリカの下院で日本政府に「慰安婦」問題の解決を促す決議が議題となったことである(二〇〇七年七月に採択)。また一九三七年一二月にはじまった南京事件が七〇周年を迎え、南京事件を題材とした映画を制作するプロジェクトが複数進行していた[13]。さらに同年三月に発表された〇八年度から使用される高校教科書の検定結果において、沖縄戦「集団自決」に関わる日本軍の「強制」について検定意見がついたことが明らかとなり、沖縄県を中心に抗議運動が沸き起こった。〇六年から〇七年は日本の歴史修正主義運動において九七年前後に続く大きな節目の時期となったのである。図1-1に示した『正論』二〇〇七年九月号の目次冒頭部分はこの時期の情勢を象徴するものとなっている。

以上のような情勢のなかで浮上してきたのが「情報戦」という発想だ。『正論』二〇〇七年五月号に掲載された藤岡信勝・拓殖大学教授の「対「レイプ・オブ・南京」一〇年戦争の教訓」は次のような一節で始まっている（一二八ページ）。

二十世紀は戦争と革命の世紀だった。二十一世紀は、社会主義体制の崩壊で世界規模の戦争が勃発する可能性は薄らいだとはいえ、二十世紀に起こった戦争の解釈をめぐるもう一つの「戦争」が継続される。旧敵国を侵略者として描くことで相手国よりも政治的・道徳的に優位に立って、自国の覇権下に置こうとする。それが、戦争解釈をめぐる「情報戦」という、もう一つの戦争の意味である。

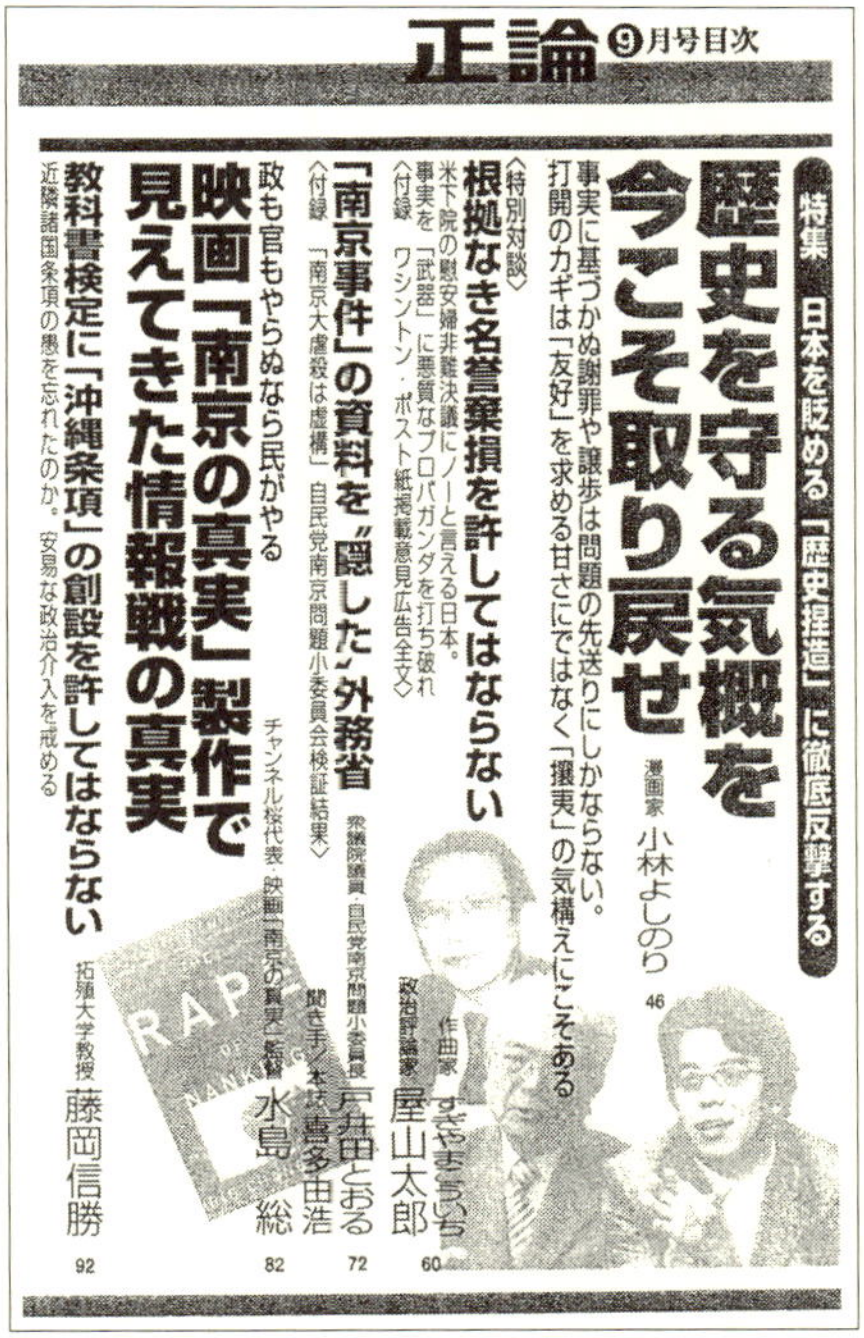

正論 ⑨月号目次

特集 日本を貶める「歴史捏造」に徹底反撃する

歴史を守る気概を今こそ取り戻せ　漫画家 小林よしのり 46
事実に基づかぬ謝罪や譲歩は問題の先送りにしかならない。打開のカギは「友好」を求める甘さにではなく「攘夷」の気構えにこそある

〈特別対談〉
根拠なき名誉棄損を許してはならない　作曲家 すぎやまこういち　政治評論家 屋山太郎 60
米下院の慰安婦非難決議にノーと言える日本。事実を「武器」に悪質なプロパガンダを打ち破れ
〈付録〉ワシントン・ポスト紙掲載意見広告全文

「南京事件」の資料を"隠した"外務省　衆議院議員・自民党南京問題小委員長 戸井田とおる　聞き手 本誌 喜多由浩 72
〈付録〉「南京大虐殺は虚構」自民党南京問題小委員会検証結果

映画「南京の真実」製作で見えてきた情報戦の真実　チャンネル桜代表・映画「南京の真実」監督 水島総 82
政も官もやらぬなら民がやる

教科書検定に「沖縄条項」の創設を許してはならない　拓殖大学教授 藤岡信勝 92
近隣諸国条項の愚を忘れたのか。安易な政治介入を戒める

図 1–1　『正論』2007 年 9 月号の目次.

また、海外での「南京事件映画」に対抗して映画『南京の真実』を製作すると[14]いうプロジェクトを立ち上げた水島総・日本文化チャンネル桜代表は『正論』二〇〇七年九月号掲載の「映画「南京の真実」製作で見えてきた情報戦の真実」で「無論、この南京大虐殺キャンペーンが、現実

図1-2 『情報戦「慰安婦・南京」の真実』(オークラ出版、2007年)の表紙.

問題としては、中国共産党の国家戦略から仕掛けられている情報戦争であるのは論を俟《ま》たないだろう」(ルビは引用者)としたうえで、「私たち戦後日本人がきちんとした意識と認識を持って、この歴史捏造キャンペーンに対処出来れば、こんなデマ宣伝など本来は問題ないのである」としている(八四ページ)。なお同誌翌月号からはじまった水島の連載「映画「南京の真実」製作日誌——〝情報戦〟の最前線から」は連載一〇〇回を超えて本書執筆時点でなお継続中である。

これらの引用からわかるように、「情報戦」なる発想は、(1)南京大虐殺「三〇万人」も日本軍「慰安婦」問題もいわれなき冤罪(15)であり、(2)そのような冤罪が事実とみなされているのは日本を支配するためのプロパガンダのせいであるから、(3)反日プロパガンダに対抗するための情報発信をしなければならない、というものである。沖縄戦「集団自決」も在日米軍基地が集中する沖縄で反戦意識を醸成するために「反日」勢力が喧伝していることであって、中国の覇権主義を利するものであると理解されることになる。図1-2は二〇〇七年七月にオークラ出版から刊行されたムック本『情報戦「慰安婦・南京」の真実――仕掛けられた情報戦争に勝つ方法』(西村幸祐責任編集)の表紙であるが、当時の右派論壇の雰囲気がよく現れている。

「情報戦」という発想は右派論壇誌を超えて国会論戦にも及んでいた。二〇〇六年三月一五日、衆議院外務委員会で質問に立った民主党の松原仁・衆議院議員は南京事件を題材としたビル・グッテンタグらの映画企画(注(13)参照)を引き合いに出して「中国の対日プロパガンダが今や行われようとしているということ」についての外務大臣の認識を質したうえで「こういった情報戦に負けない外務省をつくっていただきたいということを要望」している。

さらに五月二五日の外務委員会で行った質問のなかで、松原は次のように発言しているが、これは「情報戦」という発想について考えるうえで重要なものである。

二つ目の、これが一番の肝の一つになるわけでありますが、一九三七年十一月に、国共合作下の国民党は中央宣伝部に国際宣伝処を設置した。国際宣伝処の極秘文書「中央宣伝部国際宣伝処工作概要」によると、ここには、この後でも書いてありますが、ティンパーリが「戦争とは何か」という書物を出して、これが南京大虐殺と言われるものの一番先端になった事件であります。この「戦争とは何か」というのを南京の近くで出さないで、アメリカで出したというあたりが極めて意図的でありまして、簡単に言うと、現場で出せば、それはうそだよとみんなわかってしまう、うそであることが確認できないような海を渡った向こうで出せばうそだとわからないというのは、これは情報戦の当然のやり方だと思うので、ティンパーリはそうしたんだろうと私は思いますが、これも憶測であります。

ここで松原は南京大虐殺否定論のなかでも比較的新しく発明された論点を持ち出している。これは東中野修道《ひがしなかのしゅうどう》・亜細亜大学教授や北村稔・立命館大学教授(16)らによって二〇〇〇年ごろから主張され始めたものだ。

一九三七年、戦火の迫った南京に残留していたわずかな欧米人たちは一般市民の保護のために南京市内に安全区(難民区)を設定することを企画し、そのための国際委員会を設立した。委員長に就任したのが前出のドイツ人、ラーベである。当時、ドイツと日本とは防共協定を結んでいたため好意的な扱いを受けられることを期待しての人事であった。行政機関が武漢へと移転した後の南京市において委員会は一般市民の保護のために尽力したが、同時に日本軍の占領下で起きた残虐行為や略奪などを記録、日本軍への抗議・善処申し入れやまた海外に南京の現状を知らせるための活動も行った。敗戦後の極東国際軍事裁判においても委員会メンバーの一部が証人として出廷している。

東中野、北村らの主張はこんにち次のようなかたちにまとめられて右派論壇やインターネット上に流布している。

> 南京攻略戦が行われている最中から、中国国民党政府は党の顧問でもあった外国人記者などを動員し、組織的な宣伝工作を開始した。国民党中央宣伝部高官は「われわれは目下の国際宣

伝において（中略）国際友人を探しだしてわれわれの代弁者となってもらうことを話し合った」と書き残している。マンチェスター・ガーディアンの記者だったティンパーリや、南京金陵大教授だったベイツらが中立を装って「南京虐殺」を精力的に対外発信したが、後に両名とも国民党の顧問になっていたことが判明している。[17]

ベイツ（マイナー・S・ベイツ）とは国際委員会のメンバーの一人であり、当時上海にいたティンパーリ（ハロルド・J・ティンパーリ、「ティンパリー」「ティンパレー」とも）はベイツらからの報告を *What War Means: The Japanese Terror in China* という書籍にまとめ、国際世論の喚起を試みた。[18]この両名が国民党の手先だった、というのである。南京大虐殺は中国のプロパガンダにすぎないという主張はそれ以前からあったが、具体的な史料的根拠があるとする東中野、北村の主張はその後南京事件否定論の主要な柱の一つとなった。「南京大虐殺は国民党の宣伝戦の産物であった」という〝発見〟が右派論壇に「情報戦」の重要性を強く印象づけたであろうことは想像に難くない。

さてその史料的根拠の妥当性についての批判は先行研究に譲るとして、[19]〝ベイツらは国民党の顧問だった〟という主張は典型的な対人論証 argumentum ad hominem である。南京大虐殺以前に顧問に就任していたという主張を仮に受けいれたとして、それは史料批判に際して留意すべき事情とはなりえても虐殺が捏造であるという「決定的証拠」にはとうていなりえない。[20]またプロパガンダの目的に照らして考えても捏造が暴露される危険を不必要に冒すのは非合理的であるから、「プロパガンダである」ことが直ちに「捏造である」ことを意味するはずもない（これはもちろん、日本軍「慰安婦」問題が韓国のプロパガンダだとする主張についてもあてはまる）。つまり「国民党顧問」説が決定的なものに思えるのはあらかじめ虐殺が捏造だという信念が成立しているからこそ、なのである。だがこの「論点先取り」に無自覚ならば、国際社会はなぜ捏造に騙されるのか？ といういらだちを募らせることになる。この点についてはあとで再び立ち戻ることにしよう。

第二次安倍内閣と「歴史戦」

「情報戦」で右派論壇が活気づいた二〇〇七年前後からの数年は、他方で歴史修正主義勢力にとって逆風の時期でもあった。第一に〇六年に勃発した「つくる会」の内紛・分裂騒動がある。[21] 現在、右派系の教科書が育鵬社と自由社の二社から刊行されているのはこの時の分裂による。第二に右派の活発な「情報戦」にもかかわらず——というよりもむしろ「情報戦」ゆえに、〇七年にアメリカ下院で「慰安婦」決議が採択されたこと。第三に相次ぐ訴訟での敗訴である。[22]

まず二〇〇六年一二月、南京攻略戦のさなかに「百人斬り」競争の勇士として新聞を賑わし戦後の戦犯裁判で死刑となった二人の日本軍将校の遺族が、毎日新聞社、元『朝日新聞』記者でジャーナリストの本多勝一、朝日新聞社、柏書房を提訴した民事訴訟の最高裁判決が下った。「百人斬り」は当時の新聞記者の創作であり、戦中の「百人斬り」報道ならびに戦後に改めて「百人斬り」競争が紹介されたことで故人の名誉が毀損され、故人に対する遺族の敬愛追慕の情が侵害されたという訴えであったが、原告の請求を退けた判決が確定したのである。東京高裁判決では被告の主張を容れて「両少尉が、南京攻略戦において軍務に服する過程で、当時としては、「百人斬り競争」

として新聞報道されることに違和感を持たない競争をした事実自体を否定することはできず」と二人の将校の戦争犯罪を事実上認める判断が下っている。なおこの訴訟で原告代理人を務めた弁護士の一人が、「次期首相」の呼び声も高い稲田朋美・現自民党政調会長である。

また二〇〇九年二月には、南京事件の生存者（被害者遺族でもある）の中国人女性が東中野修道の著書『「南京虐殺」の徹底検証』（展転社、一九九八年）において「ニセ被害者」「ニセ証人」と記述されたとして東中野と展転社を提訴した裁判の最高裁判決が下り、東中野らに合わせて四〇〇万円の支払いを命じた判決が確定した。〇七年の東京地裁判決では「被告東中野の原資料の解釈はおよそ妥当なものとは言い難く、学問研究の成果というに値しないと言って過言ではない」という厳しい判断が下されている。これにより東中野は『WiLL』二〇〇八年一〇月号に寄稿したのを最後に、右派論壇から事実上退場することになった[23]。

さらに大江健三郎の『沖縄ノート』（岩波新書、一九七〇年）などの沖縄戦「集団自決」に関する記述が、当時の座間味《ざまみ》島および渡嘉敷《とかしき》島の現地指揮官二名の名誉を毀損したとして、元指揮官本人一名ともう一名の遺族が大江と岩波書店を提訴した裁判でも二〇〇八年に原告敗訴の一審判決が下り、二〇一一年に最高裁で確定した。右派にとっては実質的に「集団自決」における軍の「強制」を否定するための訴訟という意味を持っていたが、「百人斬り」訴訟と同じく逆効果となってしまった。

そしてもちろん、二〇〇七年九月に安倍首相が病気を理由に退陣したことも、右派論壇にとっては痛恨事であった。しかし先に表1-1で示したように、その後も右派論壇誌は安倍を手厚く遇して復活を準備することになる。このような〝雌伏〟の時期を経て浮上してきたのが「歴史戦」だ。

その火蓋を切ったのは中西輝政・京都大学名誉教授の「現代「歴史戦争」のための安全保障」(『正論』二〇一三年二月号)である(24)。中西は日本が抱える「幾多の課題」に通底しているのは「国家観の欠如」だとし、この欠如は「昭和の初めから終戦まで」を全否定する東京裁判史観、司馬史観を高度成長期に受けいれてしまったからだ、と論じる。したがって「歴史の回復」が切迫した課題となるが、その際に障害となるのが「中国や韓国による歴史問題を用いた対日攻勢」だとされる。

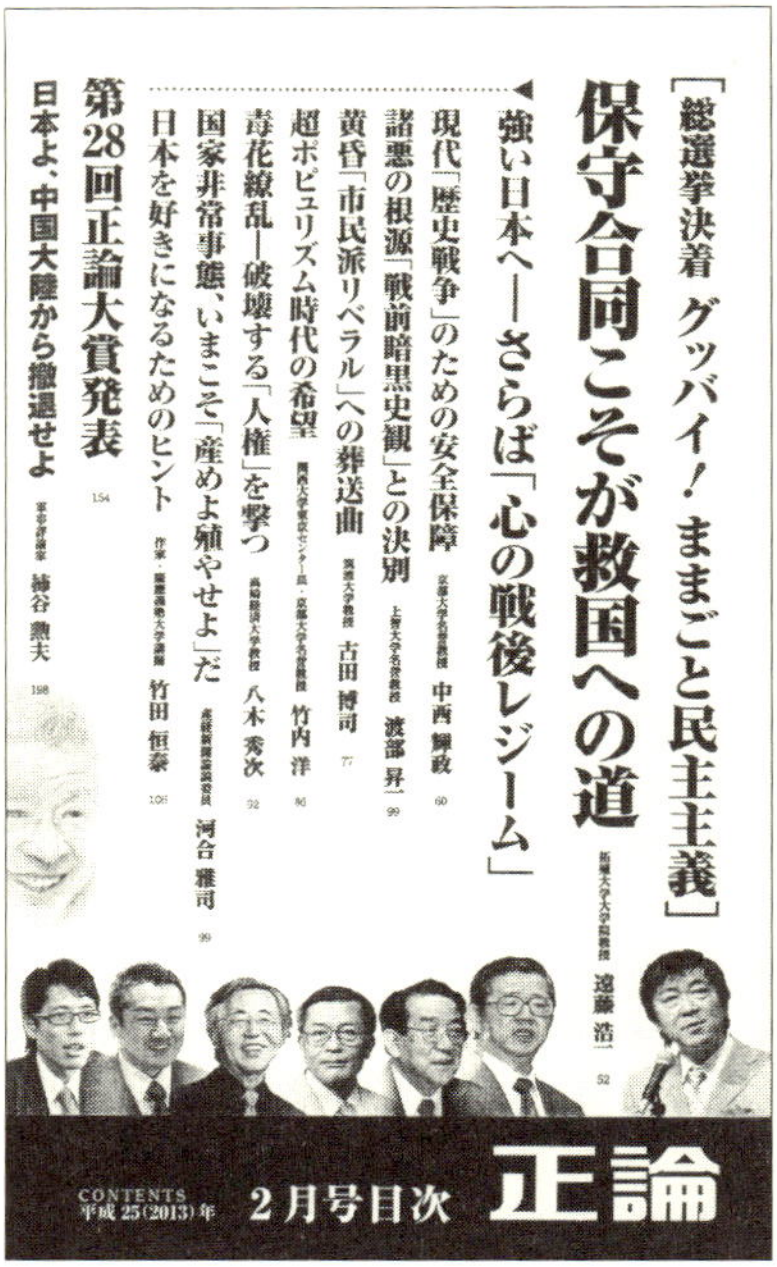

図 1-3 『正論』2013 年 2 月号の目次.

東アジアでは現在、ナショナリズムの衝突に「歴史」を介在させるという「歴史戦争」が繰り広げられているのだ。日本が謝罪し、賠償金を支払っても所詮、解決する問題ではない。その先にあるのは、領土と主権そして国家としての独立の喪失である。今や日本人の誤てる「歴史認識」こそ、ミサイルや核兵器よりもはるかに恐ろしい脅威を日本に及ぼしていることを理解しなければならない。日本人が早急に本来の独立主権国家としての歴史観を再建しないことには目前の国の存立が危うくなっている。いまや我々一人一人の歴史観こそが、この「歴史戦争」における安全保障の最後の砦なのである。(25)

時期的にも、またこの論考が「強い日本へ——さらば「心の戦後レジーム」」と題する特集の筆頭に掲げられている(図1-3)ことからも、第二次安倍内閣の誕生をうけて右派論壇が再び歴史認識問題で大攻勢に出ようとしたことがわかる。これ以降、『正論』はたびたび特集で「歴史戦」をとりあげることになる。(26)関連する特集・総力特集名を列挙してみよう。「歴史戦」を特徴づけるキーワードは強調してある。

二〇一三年五月号 「**歴史戦争**に勝つ!」
二〇一三年八月号 「「**慰安婦**」包囲網を突き破れ!」
二〇一三年一〇月号 「韓国につける薬はあるのか」
二〇一三年一一月号 「『はだしのゲン』許すまじ!」
二〇一三年一二月号 「**慰安婦問題**、**反撃**の秋」「大東亜会議70年目の真実」
二〇一四年一月号 「朝鮮統治・**慰安婦** 日本の名誉と真実の闘い」
二〇一四年二月号 「裁かれた反日動物園 NHK「JAPANデビュー」訴訟(27)」「「**日本の歴史**」**復権**の幕を上げよ」
二〇一四年四月号 「激化する**歴史戦争**に立ち向かえ」「「戦後脱却」の精神史的探求」

二〇一四年五月号　「慰安婦・歴史戦争、我らの反撃」
二〇一四年六月号　「歴史戦争、勝利への橋頭堡」
二〇一四年七月号　「韓国・中国への反転大攻勢」
二〇一四年八月号　「歴史戦争、反撃を緩めるな」「日本を貶めて満足か！　朝日新聞へのレッドカード」
二〇一四年九月号　「河野談話検証と韓国人米軍慰安婦」

ここで二〇一四年八月五、六日の『朝日新聞』による過去の「慰安婦」報道検証特集掲載と、一部記事の撤回が起きる。それ以降の右派メディアによる『朝日』バッシングは読者の記憶にも新しいと思われるが、それに先立つ一年半、特に一三年の後半からはほぼ毎号「歴史戦」関連の特集が組まれていたのである。これに加えて『産経新聞』紙上でも一四年四月から「歴史戦」と題するシリーズの連載が始まっていた。右派論壇から見れば手ぐすね引いて待ち構えていたところに『朝日新聞』が飛び込んできたかたちになる。「歴史戦」という用語こそ用いられていないものの、同時期の『WiLL』でも二〇一四年五月号「河野談話へ怒りの鉄槌！」、六月号「反日包囲網と、こう戦え！」、九月号「朝日を読むとバカになる！」といった特集が組まれていた(28)。

『朝日』バッシングから本書執筆時点までの特集についても見ておこう。

二〇一四年一〇月号　「朝日新聞炎上」
二〇一四年一一月号　「堕してなお反日、朝日新聞」
二〇一四年一二月号　「発掘特報！　軍・官40人が遺した汚名への反論」「度し難き朝日新聞の無責任」
二〇一五年二月号　「朝日新聞を追撃する」「戦後70年　火を噴く歴史戦争」
二〇一五年三月号　「戦後70年と朝日・慰安婦問題」
二〇一五年四月号　「朝日新聞、反日は健在なり」「アジアは忘れない　戦後70年の大東亜戦争肯定論」
二〇一五年五月号　「戦後に終止符を」「歴史戦争・慰安婦戦線の現在」
二〇一五年九月号　「世界遺産――「強制」に勝ち誇る韓国、むざむざ騙された日本」「終戦70年歴史の復権はこれからだ」
二〇一五年一〇月号　「安倍談話と歴史復興への道」
二〇一五年一一月号　「中韓の反日に汚される世界遺産」
二〇一五年一二月号　「「南京」と堕ちたユネスコ・国連」
二〇一六年三月号　「「慰安婦」戦、いまだ止まず」
二〇一六年三月『別冊正論』二六号　「「大虐殺」は蔣介石と中共の〝国共合作〟「南京」斬り――ウソと実像を見極める――」

以上はあくまで「歴史戦」関連の特集、総力特集が組まれている号に過ぎず、これ以外の号でも関連するコンテンツが掲載されていることは言うまでもない。二〇一六年二月号を例にとれば「「南京大虐殺」論争の最新焦点」(藤岡信勝)、「サンフランシスコ中華街の新設「抗日戦争記念館」取材報告」(水島総)、「歴史戦争　本格化する日米慰安婦論争」(山下英次)、「【対談】韓国・沖縄・メディア…反日の皆さん、かかってきなさい!」(ケント・ギルバート/井上和彦)といった具合である。

虚構の「歴史戦」

ここまで、右派論壇において「歴史戦」という発想が登場してくるまでの経緯をみてきた(29)。最後にその「歴史戦」言説の特徴と問題点を見ていくことにしよう。

【圧倒的な物量作戦】

先の二〇一三年からの「歴史戦」特集リストをご覧になっていただければ一目瞭然だが、『正論』などの右派メディアが日本軍「慰安婦」問題をとりあげる頻度は他のメディアを圧倒している。内容的に言えば代わり映えのしない否認論が繰り返されているだけなのだが、前出「永野発言と国際感覚」が言う「声が大きい方が勝つ」をまさに実践しようとしているわけだ。アカデミズムや通常のジャーナリズムは「新規性」という価値に拘束されている。既知の問題をとりあげるのはなにかしら新しい資料や視点が得られた時であって、同じ内容の繰り返しは忌避される。だが「歴史戦」の観点からは新規性にさほど高い価値は置かれない。その結果として、右派メディアとそれ以外のメディアの間に日本軍「慰安婦」問題をめぐる情報発信量の著しい非対称性が生じてしまい、市民は否認論に慣らされてしまっている。歴史修正主義的な主張がこの社会に浸透している大きな要因の一つであろう。また「反日」という概念は歴史修正主義を前提に中国や韓国、さらに日本の左派の行動を解釈する枠組みであるのだが、もはや一般メディアでも当たり前のように用いられるようになっている点にも留意しなければならない。

【被害者意識】

右派によれば「歴史戦」は仕掛けられているものである。右派論壇誌の特集タイトルや論題に「反撃」「包囲網」やそれに類する単語が度々登場していたのはこうした認識を反映している。「中国や韓国の対日歴史攻撃が激しさを増している」[30]「日本はまさに「歴史戦争」に巻き込まれていると言えます」[31]のような表現も同様である。なにしろ「慰安婦」問題についての(南京大虐殺についても)認識が国際社会とは一八〇度異なるのであるから、日本政府の責任を追及し、また解決のための努力を促す運動は必然的に邪悪な意図、何者かの「謀略」に発するものと解釈されてしまうことになる。またこのような被害者意識が韓国、中国という「敵」や「内応者」としての『朝日新聞』、市民運動への攻撃的な態度を助長している[32]。

【字義通りの「戦争」】

右派にとって「歴史戦」とは単なる比喩ではない。「自虐史観」は、彼らにとっては日本を精神的にも軍事的にも〝武装解除〟するための罠なのである。「歴史戦」は竹島（独島）や尖閣諸島（釣魚島）の領有権をめぐる紛争と字義通りにリンクしている。前出の「現代「歴史戦争」のための安全保障」で中西は次のように言う（六八ページ）。

国家観を喪失した現在の日本の再生には、何よりもまず、高度成長期以降に断絶させられてしまった民族の歴史の連続性を回復することが求められる。そして、「歴史の回復」が、今やついに尖閣諸島や竹島をめぐっての中国や韓国による歴史問題を用いた対日攻勢によって非常に切迫した課題となっている。このことの重大な符号に今こそ目を開かねばならないだろう。端的な言い方をすれば、早急に日本人の歴史観を回復させなければ、尖閣は中国に侵略され、竹島は韓国に未来永劫不法占領されたままになるということである。

『正論』二〇一三年五月号掲載の対談「反日国際ネットワークのあらたなる策謀」（西岡力・江崎道朗）における西岡の次の発言も同様の認識を示している（六四―六五ページ）。

西岡　江崎さんが昨年十二月に刊行された『コミンテルンとルーズヴェルトの時限爆弾』（展転社）には、その「歴史戦争」がなぜ起きたのか、日本はどのように「歴史戦争」を仕掛けられているのかを考えるうえで、重要な指摘がなされています。
　端的に言えば、中国共産党が九〇年代初頭、国内での反日教育の徹底を決定すると同時に、南京事件と慰安婦問題を材料に、「日本が第二次世界大戦期にホロコーストをした」という反日国際キャンペーンを進めることを決めた。そして、日本の戦争責任を追及するアメリカ、カナダ、香港を中心とする世界中の三十もの中国系、韓国系、日系団体が結集して「世界抗日史実維護連合会」(略称、世界抗日連合)を一九九四年に結成、国際的な反日ネットワークを組織した。日本がその後南京事件や慰安婦問題で世界中で批判にさらされ続けてきた背景には、この中国共産党の国際的な反日謀略があるということです。尖閣や竹島という安全保障問題、領土問題に歴史問題がリンクしている現状に、この中国共産党の国際謀略に改めて注目すべきだと考え、きょうは対談をお願いしました。

このような発想は「情報戦」期にもすでにあった。前出「映画「南京の真実」製作で見えてきた情報戦の真実」において、水島総は当時複数企画されていた南京事件を題材とする映画について次のように言っている(八七ページ)。

つまり、私の判断では、今度の映画による南京大虐殺キャンペーンは、これまでの反日キャンペーンとは、量、質とも危険な形で本質的変化を遂げて、「対日部分戦争への準備」として実行されているのである。また、そう考えるべきである。間違ってもらっては困るが、全面戦争と言っているのではない。地域紛争を装い、あくまで自国の核ミサイルシステムを脅迫の背景にした部分的な「戦争」である。これは決して、絵空事では無い。そういう意味からも、この南京虐殺キャンペーンに対抗する映画「南京の真実」の製作は、単に中国の文化戦略と情報戦に対抗するだけではなく、わが国の防衛・安全保障の一端を担っているものだと考えている。
〔後略〕

こうした安全保障問題とのリンクは主観的には彼らが「歴史戦」に注力する動機を生み出しているが、客観的に見れば右派の歴史修正主義的な主張、またその主張に日本政府の姿勢が影響されることこそが新たな対日非難を招いているのであり、その意味では自業自得ということになる。

【本質主義的民族観】

いわゆる「歴史認識問題」において問われているのは第一に旧日本軍と大日本帝国の責任であり、第二には過去の侵略戦争、植民地支配、戦争犯罪、国家犯罪に対する現在の日本政府の姿勢なのだが、「歴史戦」が守ろうとしているのは民族の名誉である。

その際、特に注意すべきなのは、中国、さらには韓国も、日本による「南京大虐殺」や「慰安婦強制連行」はナチスの「ホロコースト(民族抹殺・大量虐殺)」に匹敵する人類悪の犯罪だったと喧伝し始めていることである。もしもこれが「真実」として定着したら、日本という国家と日本人は未来永劫「犯罪国家」「犯罪民族」の咎を負うことになる。まさに国家の存亡にかかわる事態になり得るのだ。(33)

国際社会はドイツを未来永劫「犯罪国家」として扱い、ドイツ民族を「犯罪民族」として扱おうとしているだろうか？　日本の右派はドイツ人を「犯罪民族」だと考えるのだろうか？　ホロコーストの否定を犯罪化しているドイツが、そのことによって「国家の存亡にかかわる事態」を迎えているという事実はないのだが、なぜ日本にはそのような危機が訪れると考えるのだろうか？

『正論』二〇一三年八月号掲載の「歴史戦争への我が一撃」における西村眞悟・衆議院議員の「我が国民を、生きながら汚名をかぶせて子々孫々まで腐らせようとする謀略が功を奏しつつある」（九〇ページ）、「精神をゆがめられた我らの子孫は、自分達にもその汚れた日本人の血が流れていると嫌悪する」（九一ページ）といった発言にも同様の発想が現れている。彼らが前提としているのは「ある民族が大虐殺などの残虐行為を行ったとすれば、その原因は変わらない民族性のうちにある」という民族観なのだ。このような発想を国際社会に投影しているからこそ、「南京大虐殺や慰安婦強制連行を否定しなければ、日本人は虐殺民族、強姦民族にされてしまう」と考えるのである。

同様な民族観は歴史修正主義的な主張の論拠としても登場する。前出「対「レイプ・オブ・南京」一〇年戦争の教訓」において藤岡信勝は、アイリス・チャンが記述する日本軍の蛮行を引用したうえで「もちろん、こんなことは日本人の習慣にはなく、日本人には思いつくことすら難しい種類の行為であることを読者は直ちに了解されるであろう」（一二九ページ）、「それらは中国人の文化の反映という他はなく、それを日本人に投影しているのである（一二九―一三〇ページ）としている。藤岡は一九九九年の「つくる会」シンポジウムでも「農耕民族の日本人に思いつかない」（前出「日本の命運握る情報戦」三一一ページ）という表現を用いている。その他、「「嘘も百遍」が彼らの文化ですから」[34]に類する表現は南京事件否定論に度々登場するクリーシェである。歴史修正主義とレイシズムの親和性、歴史修正主義とレイシズムが相互に強化しあう関係がここに現れている。

【勝利の確信が生み出すいらだち】

最後に指摘しておきたいのは、右派論壇が日本軍「慰安婦」問題、南京大虐殺をめぐる国内の〝論争〟には完全に勝利している、と確信している点である。二〇一四年の『朝日新聞』の一部記事撤回はそうした確信をさらに強めることにはなったが、〝勝利宣言〟はそれ以前から度々繰り返されている。「国内における論争は私たちの勝利で終わった」[35]「日本では事実関係が明らかになり、全てが決着したことです」[36]「従軍慰安婦問題についてはほぼ内実においては決着がついているわけです」[37]といった具合だ。「慰安婦」問題を日韓問題としてとらえ、かつ「強制連行＝物理的、ないし法的な強制力をともなった連行」の有無こそが問題の核心であると考える右派にとっては、「吉田清治証言」の信憑性が否定され、「慰安婦」は「女子勤労挺身隊」として動員されたわけではないことが周知されるようになった時点で「勝利した」ということになるわけである。

南京事件についても同様で、「「南京大虐殺」問題も「なかった」ということは日本では大体においてケリがついた状態で、朝日新聞ですらも取り上げないようになりました」[38]といった具合である。藤岡信勝による次の一節は二つの問題をめぐる右派の認識を端的に表現していると言えるだろう。[39]

反日プロパガンダの二大テーマである「南京」と「慰安婦」の問題の経過をたどると、両者のあまりの共通点に驚くほどだ。

第一に、どちらも日本国内の左翼によって肉付けされたり発明されたところに起源をもつ日本発の問題であった。第二に、1990年代後半以後、どちらのテーマに関しても左翼側は明らかに国内では劣勢に立たされた。

第三に、ところが今日では、両テーマともアメリカを宣伝のターゲットにすることにシフトし、それが成功しかけているのである。それが可能になった秘密は、すでに見てきたように日米間の情報ギャップを利用したところにあった。

第四に、どちらの宣伝の背後にも中国の影が差しており、第五に、事実関係に踏み込んだ反論と説明をせず、日本がすでに謝罪している事のみを強調して事実無根の嘘を認めてきた外務省の行動パターンこそが日本の国益を損ねる方向に事態をこじらせてきたのである。

この未曾有の国難ともいうべき事態に、政府は毅然として声を上げなければならない。日本と日本人に対するいわれのない、アンフェアーな中傷に沈黙することは日本国家の自殺行為であることを肝に銘じたい。

すでに触れた通り（一七―一八ページ参照）、このような勝利の強い確信こそが彼らにとってはいらだちの原因となる。「南京」も「慰安婦」も「捏造」であることは彼らにとって自明であるがゆえに、日本に対する非難や抗議が止まないのは日本政府が自分たちの主張を国際社会に伝えないからだ、と彼らは考えることになる。実際には彼らの主張それ自体が拒否されており、新たな非難を呼び起こしているにもかかわらず。日本政府が右派論壇の期待に応えて「毅然として声を上げ」ればあげるほど、国際社会の反応は彼らの予想を裏切るものとなる。すると彼らは「まだ歴史戦の努力が足りない」と考えるのである。(40)

日本軍「慰安婦」問題否認論、南京大虐殺否定論は安倍政権のコアな支持層、また安倍首相に影響力を持つ人々の間であまりにも深く根付いているために、このような悪循環を止めることは容易なことではない。だが「歴史戦」キャンペーンが続く限り(右派の主観的認識には反して)日本の国益が損なわれ続けるだけでなく、戦争と植民地支配の被害者たちの尊厳は繰り返し踏みにじられることになるのである。

注

(1) 『産経新聞』では「歴史戦」という表記が用いられているのに対して月刊誌『正論』では「歴史戦争」が一般的な用語法であるが、以下引用の場合を除いて「歴史戦」で統一する。

(2) 右派論壇人の中には「歴史戦」の出発点としてGHQによる日本人の〝洗脳工作〟を想定する者もいる。右派論壇では「ウォー・ギルト・インフォメーション・プログラム(WGIP)」と呼ばれている。〝日本人に侵略戦争に対する罪悪感を植え付けるための工作〟という意味である。WGIP陰謀論についてはまた別の機会に考察の対象としてみたい。

(3) この号から「慰安婦と世界史」(佐藤和秀)と題する全四回の連載が始まっているが、その狙いは〝戦場の性〟に悩まされてきたのは旧日本軍だけではない、と問題を相対化することであった。

（4）なお『読売新聞』についても一九九七年頃に社論の大きな転換が起きていることを、次の調査研究が指摘している。

藤永壮「「失われた二〇年」の「慰安婦」論争――終わらない植民地主義」（歴史学研究会・日本史研究会編『「慰安婦」問題を／からかんがえる――軍事性暴力と日常世界』岩波書店、二〇一四年）。wam（アクティブ・ミュージアム女たちの戦争と平和資料館）、「徹底検証！　読売『慰安婦』報道」（二〇一四年一一月一四日から開催された緊急ミニ企画展、http://wam-peace.org/sp/yomiuri/）。清原悠「歴史修正主義の台頭と排外主義の連接――読売新聞における「歴史認識」言説の検討」（山崎望編『奇妙なナショナリズムの時代――排外主義に抗して』岩波書店、二〇一五年）。

（5）邦訳は二〇〇七年に『ザ・レイプ・オブ・南京――第二次世界大戦の忘れられたホロコースト』のタイトルで同時代社から刊行された（巫召鴻訳）。

（6）ラーベの日記の英訳は一九九八年に、また邦訳は一九九七年に『南京の真実』のタイトルで講談社より刊行された（平野卿子訳、後に講談社文庫）。邦訳刊行後直ちに右派論壇では「ジョン・ラーベの日記「南京大虐殺」をどう読むか」（福田和也『諸君！』一九九七年一二月号）、「南京事件六十年目の真実――「ラーベ日記」の信憑性を問う」（中村粲『正論』一九九八年一月号）、「南京大虐殺「ラーベ効果」を測定する」（秦郁彦『諸君！』一九九八年二月号）などの反響があった。

（7）「女性に対する暴力――戦時における軍の性奴隷制度問題に関して、朝鮮民主主義人民共和国、大韓民国及び日本への訪問調査に基づく報告書――」、通称クマラスワミ報告とは、一九九三年の国連「女性に対する暴力撤廃宣言」をうけて九四年に国連人権理事会が任命した特別報告者ラディカ・クマラスワミが人権委に提出した報告書のうち、九六年に提出された日本軍の「慰安所」制度についての報告書を指す。報告書は元「慰安婦」被害者からの聞き取りなどをもとに、同制度を「軍性奴隷制」と評価し、日本政府に対して「法的責任」をうけいれること、補償、公的謝罪、責任者の特定と処罰を行うことなどを勧告している。日本の右派はこの報告書が「吉田清治証言」を援用していることを問題視しているが、報告書は秦郁彦による「吉田証言」批判にも言及している。

「現代的形態の奴隷制：武力紛争下の計画的レイプ、奴隷制、奴隷に近い状況」、通称マクドゥーガル報告書は、旧ユーゴ内戦やルワンダでの虐殺の際に生じた組織的性暴力への国際的な関心を背景として、特別報告者ゲイ・マクドゥーガルが国連人権委員会差別防止と少数者保護小委員会に提出した報告書のうち、一九九八年に提出された日本軍「慰安婦」問題についての附属文書を指す。同報告書は元「慰安婦」被害者を「レイプセンターの性奴隷」と認定し、責任者の訴追、被害者への法的補償などを勧告、アジア女性基金は「いかなる意味でも法的補償を行うものではない」と評価している。いずれの報告書も、アジア女性基金の公式サイト「デジタル記念館　慰安婦問題とアジア女性基金」(http://www.awf.or.jp/index.html)で全文の邦訳を閲覧することができる。

(8) 右派論壇の「反日包囲網」認識の形成については次も参照されたい。

能川元一＋早川タダノリ『憎悪の広告――右派系オピニオン誌「愛国」「嫌中・嫌韓」の系譜』(合同出版、二〇一五年)、第九章。

(9) 引用は秦郁彦『現代史の争点』文春文庫、六五―六七ページより。

(10) Iris Chang, *The Rape of Nanking: The Forgotten Holocaust of World War II*, Penguin Books, 1998, p. 9.

(11) もっとも、右派論壇内でも相当に見解の相違が見られることに留意すべきである。アジア・太平洋の侵略性を否定しない論者、南京事件について虐殺はほとんどなかったといった極端な否定論に与さない論者であっても、日本軍「慰安婦」問題に関しては日本軍・日本政府の責任を否認することがある、という点に「慰安婦」問題のユニークさがある。

(12) 右派論壇誌では「情報戦」はインテリジェント戦争、いわゆるスパイ戦やサイバー戦争を意味するものとして用いられるケースもある。ここで扱うのは歴史認識をめぐるプロパガンダ戦の意味での「情報戦」である。

(13) テッド・レオンシスらの製作、ビル・グッテンタグらが監督の *Nanking*(二〇〇七年公開)、フローリアン・ガレンベルガー脚本・監督の *John Rabe*(二〇〇九年公開)、陸川監督・脚本の『南京！南京！』

（二〇〇九年公開）など。いずれも日本では通常の商業ベースでの公開はされていない。

(14) 二〇〇七年中の公開を目指して総計三億円以上のカンパを集めたこのプロジェクトは当初の予定を変更して「三部作」構成となることがアナウンスされ、第一部『七人の『死刑囚』』が二〇〇八年一月に公開されたが、肝心の南京事件の「検証」がテーマとなるはずの第二部以降は本書の執筆時点で未だ完成していない。

(15) ただし右派論壇内でも二つの問題に関して見解に幅があることに留意しておく必要はある。日本軍「慰安婦」問題について言えば、①「慰安婦＝二〇万人」は過大、②「性奴隷」ではない、③日本軍・日本政府に責任はないか、あったとしても詐欺等による募集を取り締まれなかったことへの責任だけ、の三点はほぼ右派論壇全体に共通する認識だが、「大金を稼いだ売春婦である」と積極的に主張する論者もいれば「慰安婦」の境遇がしばしば悲惨なものだったことは認める論者もいる。

(16) 代表的なものは以下のとおり。
北村稔『「南京事件」の探求――その実像をもとめて』文春新書、二〇〇一年。

鈴木明『新「南京大虐殺」のまぼろし』飛鳥新社、一九九九年。

東中野修道「南京大学教授ベイツの〝化けの皮〟」『諸君！』二〇〇二年四月号。

東中野修道「南京「大虐殺」を覆す決定的証拠を発掘した」『正論』二〇〇三年四月号。

東中野修道『南京事件――国民党極秘文書から読み解く』草思社、二〇〇六年。

(17) 『正論』編集部「日中共鳴の「南京大虐殺」捏造史」『正論』二〇一五年一二月号、一四〇ページ。引用文中の中略は筆者ではなく『正論』編集部による。

(18) 洞富雄編『日中戦争　南京大残虐事件資料集　第二巻　英文資料編』（青木書店、一九八五年）にH・J・ティンパーリー編『戦争とはなにか――中国における日本軍の暴虐』として邦訳が収録されている。

(19) この点については以下を参照。
井上久士「南京大虐殺と中国国民党国際宣伝処」（笠原十九司・吉田裕編『現代歴史学と南京事件』柏書房、二〇〇六年）。

笠原十九司『南京事件論争史──日本人は史実をどう認識してきたか』平凡社新書、二〇〇七年、二五六─二六四ページ。
(20) 後に一層否定派よりの主張をするようになる北村稔も前出の『「南京事件」の探求』においては、「当初、筆者は日中戦争中の英文資料には、国民党の戦時対外宣伝政策に由来する偏向が存在するはずだと考えた」が「予想に反し事実のあからさまな脚色は見いだせなかった」としていた(同書一二三─一二四ページ)。
(21) この分裂劇については次を参照。
俵義文『〈つくる会〉分裂と歴史偽造の深層──正念場の歴史教科書問題』花伝社、二〇〇八年。
(22) 以下に紹介する三つの訴訟については、詳しくは訴訟関連資料の一部も掲載した以下を参照されたい。
本多勝一・星徹・渡辺春己『南京大虐殺と「百人斬り競争」の全貌』金曜日、二〇〇九年。

岩波書店編『記録・沖縄「集団自決」裁判』岩波書店、二〇一二年。

また提訴は一九九九年に遡るが、やはり南京事件の生存者である中国人女性が、『「南京虐殺」への大疑問』の著者松村俊夫と版元の展転社を訴えた損害賠償請求訴訟に関して、被告に損害賠償を命じた判決が二〇〇五年に確定している。この訴訟と先の三つの訴訟については次の文献にも簡単な紹介がある。

瑞慶山茂責任編集『法廷で裁かれる日本の戦争責任──日本とアジア・和解と恒久平和のために』高文研、二〇一四年。
(23) 二〇一六年三月二二日発売の『別冊正論』第二六号で久々の復活を遂げている。ただし、東中野の寄稿は『南京「事件」研究の最前線　平成二〇年版[最終完結版]』(東中野修道編著、展転社、二〇〇八年)所収の「日本軍の処刑をどう見るか」を『別冊正論』編集部が約半分に要約したものである。
(24) 「歴史戦争に勝つ!」と題する特集を組んだ『正論』二〇一三年五月号掲載の西岡力・東京基督教大学教授と評論家・江崎道朗の対談「反日国際ネットワークのあらたなる策謀」において江崎も「「歴史戦争」は中西輝政・京都大学名誉教授が最初に使われた言葉だと思いますが」と語っている(六四ページ)。厳密に言えば『歴史通』(ワック)の二〇一一年一一月号に掲載された「東アジア歴史戦争に参戦せよ」(黒田勝弘）のような用例もあるが、現在の「歴史戦」言説を導いたのは中西だと見てよさそうである。
(25) 同号六九ページ。
(26) 『正論』と同じような題材をとりあげる他の雑誌が「歴史戦争」というフレーズを大々的に掲げることはあまりなく、基本的には産経新聞社系メディアがもっぱら用いる用語となっている。他誌の「歴史戦争」特集の例としては『Voice』（PHP）の二〇一五年三月号「日韓「歴史戦争」」、二〇一六年一月号「歴史戦争　日本の逆襲」、『SAPIO』（小学館）二〇一四年一二月号「終戦70年目の復讐が始まる！　中国と韓国が企む「2015対日歴史戦争」」、『歴史通』二〇一三年三月号「歴史戦争の時代」、二〇一五年三月号「歴史戦下の戦後70年　いま見直すべき日本力」、二〇一五年五月号「いよいよ開戦――中韓との歴史戦」などがある。
(27) 二〇〇九年に放送されたNHKスペシャルの全四回シリーズ「JAPANデビュー」の第一回「アジアの〝一等国〟」（二〇〇九年四月五日にNHK総合で放送）において、一九一〇年にロンドンで開催された日英博覧会で台湾の先住民パイワン族が〝展示〟されたことが紹介され、その差別性を指摘するために「人間動物園」という用語が使用された。これが「偏向」報道であるとしてインターネット・CSテレビ局「日本文化チャンネル桜」が主導し、日英博覧会に参加したパイワン族男性の子孫を含む一万人を超える原告による集団訴訟が起こされた。
　二〇一二年の東京地裁判決では原告の請求が棄却され、原告を絞り込んで行なわれた控訴審では一三年にパイワン族原告一名に対し一〇〇万円の損害賠償をNHKに命じる判決が下った。しかし一六年一月、最高裁は高裁判決のうちNHKの敗訴部分を破棄、原告の請求をすべて斥ける判決が確定した。
(28) なお、二〇〇七年前後の「情報戦」期や『朝日』バッシング後との比較で、この時期の「歴史戦」言説を特徴づけているのは、日本軍「慰安婦」問題が中心的な主題となっており南京大虐殺否定論がやや後景に退いている点だ。前述した訴訟での敗訴の影響もあるものと思われる。しかし『朝日』の一部報道撤回と二〇一五年に南京大虐殺関連資料がユネスコ記憶遺産に登録されたことにより、再び南京大虐殺否定論が大きく取りあげられる兆候が現れている。

『産経新聞』の連載「歴史戦」でも四月に始まった第一部から一〇月の第七部までは日本軍「慰安婦」問題を扱っており、一二月の第八部が初めて南京大虐殺を主題とした(その後の第九部、第一〇部、第一四部も)。『WiLL』の二〇一四年一〇月号掲載の「次に取り消すのは「南京大虐殺だ」」(藤岡信勝)が示すように国内での「慰安婦戦」が『朝日』の「吉田証言」記事撤回により完全勝利に終わった、という認識のもとで「次は南京大虐殺！」という機運が生まれていたところへ、ユネスコ記憶遺産問題が拍車をかけたかたちである。

(29) 前出能川+早川『憎悪の広告』第十二章も参照されたい。

(30) 中西輝政「「共産主義と冷戦」の罪を問わぬ不道徳が招いた災厄」『正論』二〇一四年四月号、五二ページ。

(31) 前出西岡・江崎「反日国際ネットワークのあらたなる策謀」六四ページ。

(32) このような攻撃性が発揮された代表的な事例の一つについては、次を参照。植村隆『真実　私は「捏造記者」ではない』岩波書店、二〇一六年。

(33) 前出中西「「共産主義と冷戦」の罪を問わぬ不道徳が招いた災厄」六二ページ。

(34) 前出の対談「反日国際ネットワークのあらたなる策謀」より、江崎道朗の発言(七一ページ)。

(35) 西岡力『増補新板　よくわかる慰安婦問題』草思社文庫、二〇一二年、四ページ。単行本は二〇〇七年刊。

(36) 渡部昇一「日本の名誉を守るために安倍首相は闘え」『WiLL』二〇一四年一一月増刊号、二六ページ。初出は『WiLL』二〇〇七年八月号増刊。

(37) 前出「日本の命運握る情報戦」(『正論』一九九九年五月号)三三五ページより、登壇者の一人高森明勅の発言。

(38) 前出渡部「日本の名誉を守るために安倍首相は闘え」二六ページ。

(39) 前出藤岡「対「レイプ・オブ・南京」一〇年戦争の教訓」一三七ページ。

(40) 二〇一六年二月一六日に国連女子差別撤廃条約委員会の対日審査の場で、杉山晋輔・外務審議官が日本軍「慰安婦」問題につき「反論」したことをうけて、二月二六日付の『産経新聞』紙上(東京本社版、一二面)で西岡力は「初めて外務省が事実関係に踏み込んだ反論をした」点を評価するとしつつ、その「反論」が外務省の公式サイトに掲載されていないとして「外務省の基本方針」に疑義を呈している。なお、その後、杉山審議官の「発言概要」は外務省の公式サイトに掲載された。

第2章

アメリカ「慰安婦」碑設置への攻撃

小山エミ

日系アメリカ人が「慰安婦」碑に反対しているという誤報

筆者がここ数年、日本軍「慰安婦」問題に関わるようになった経緯から説明してみたい。わたしは日本出身で、一〇代の頃より二〇年以上にわたってアメリカ合衆国に在住している。大学時代に女性学を学び、地元の性暴力被害者支援センターでボランティア活動をしたことをきっかけに、以来ずっと性暴力やドメスティック・バイオレンスの問題に関わっている。また、LGBT運動や障害者運動、反人種差別、脱植民地化主義、性労働者運動などのさまざまな活動にも参加している。

そういう経験や関心を持つわたしは、自分のルーツである日本という国が過去におかした植民地主義と組織的性暴力の象徴的な例であり、現在の日本が未だに被害者と真摯に向き合うことができていない日本軍「慰安婦」制度の問題を、心の隅では常に気にかけていた。しかし、わたしの周囲に「慰安婦」問題について取り組んでいる人はいなかったし、アメリカ在住のわたしにとって身近な問題でもなかったので、日本やアジアの国々で「慰安婦」問題に取り組んでいる人たちに敬意を払いつつも、わたし自身がそれに積極的に取り組むということはなかった。

それが一変したのは、カリフォルニア州グレンデール市で提案された「慰安婦」碑の設置をめぐり、ロサンゼルス周辺に住んでいる保守系在米日本人が同市役所に大挙して押し寄せ、「「慰安婦」

問題は嘘だ」「「慰安婦」碑の設置は日本人に対するいじめやヘイトクライムを誘発する」と反対運動を展開したことだ。しかも、運動をしていたのは日系アメリカ人ではなく在米日本人のなかのごく一部だけであるにもかかわらず、日本のメディアや現地の英語メディアでは「日系人が反対運動を起こしている」と報道された。わたしはそれまで、日本国内で「慰安婦」否定論が跋扈していることは知っていたものの、それが海を渡ってアメリカで動き出すようになるとは思ってもいなかった。海の向こうで起きている問題だと思っていたものが、わたしの生活圏を侵食しはじめたのだ。

カリフォルニア州グレンデール市に設置された「慰安婦」碑(筆者撮影).

　ロサンゼルスでの反「慰安婦」碑運動の中心にいる目良《めら》浩一《こういち》によれば、彼がロサンゼルスに在住する日本人たちを対象とした歴史勉強会として「日本再生研究会」を発足させたのは二〇〇六年だ。彼の著書『マッカーサーの呪いから目覚めよ日本人！』(今森貞夫、井上雍雄との共著、桜の花出版、二〇一二年)によると、彼の元に集まった参加者の多くに一九八〇年代後半から九〇年代初頭のバブル期以降に渡米した「新一世」と呼ばれる人たちであり、アメリカ生まれの日系人ではない。目良自身も戦前の一九三三年に朝鮮京城市で生まれ戦後に米国に移住した「新一世」の一人であり、現在「慰安婦」碑に反対の運動を展開している人たちの大多数も同じく「新一世」だ。

「日系人が「慰安婦」碑に反対している」という日米メディアの報道を読んだわたしは、すぐに、知り合いのつてをたどって、現地の日系人団体の関係者たちに連絡を取った。そこでわたしが知ったのは、現地の日系人たちにとっても「慰安婦」碑をめぐる騒動は現地の報道によってそれを読むまでまったく認識しておらず、寝耳に水であったということだ。しかし報道によって反対運動が起きていること、そしてそれが「日系人による運動」と間違って解釈されていることを知った現地の日系人団体は、碑の設置を進めていた韓国系アメリカ人団体との連帯を表明し、碑の除幕式には日系人団体の「市民権と名誉回復を求める日系人の会」(NCRR)と「日系アメリカ人市民連合」(JACL)現地支部の人たちが駆けつけた。また、のちに目良ら保守系日本人たちがグレンデール市に対する裁判を起こした際は、カリフォルニア州日系アメリカ人弁護士会と同韓国系アメリカ人弁護士会がグレンデール市側を支持する共同声明を出した。

NCRRは、第二次大戦中の日系人収容政策に関してアメリカ政府からの謝罪と補償を求めるために一九八〇年に設立された団体だ。八八年に米国政府がその要求に応じてからも、アメリカや日本における民俗的マイノリティの権利と人権侵害是正を推進する活動をしている。たとえば二〇〇一年にアメリカで起きた同時多発テロをきっかけに国内のイスラム教徒やアラブ系アメリカ人への迫害がはじまった時には、かつて似たような迫害を経験した日系人たちは真っ先に彼らへの支援を表明した。「慰安婦」碑の除幕式に招かれた同団体のキャシー・マサオカ共同代表はスピーチで、アメリカ政府による公式な謝罪と個人賠償が強制収容政策の被害を受けた日系人たちにとってどれだけ大きな意味を持ったか語り、日本政府が元「慰安婦」に対してより明確な謝罪と個人賠償を行うよう訴えた。

また、現地でわたしが話を聞いたＪＡＣＬのメンバーのある日系人女性は、両親が戦時中収容所に送られていたのだが、一九八〇年代になって日系人収容問題がメディアで騒がれるようになるまで両親から収容所の経験について何も聞かされていなかった、と話してくれた。「もし「慰安婦」制度が大規模な人権侵害であったというなら、九〇年代になって突然国際問題として浮上したのは不自然ではないか」という保守系日本人の意見に対して、収容所に拘束された経験ですら彼女の両親は何十年ものあいだ恥の意識にとらわれて沈黙させられていたのだから、「慰安婦」として働かされた女性たちがなおさら深い沈黙を強いられていたのはなんら不自然だとは思わない、と彼女は語った。

そもそもアメリカにおいて日米開戦とともに日系人収容政策がとられた背景には、日系人は当時の大日本帝国および日本軍の手先であり、米国籍であっても信用に足らない、という人種的偏見があった。戦後の調査により、そうした偏見にはなんの根拠もなかったことが明らかになったが、それから何十年も経ったいまもアメリカへの忠誠心を疑われることが日系人にとって歴史的トラウマとなっている。あとからやってきた保守系日本人たちが、そうした事情も理解せずに「日系人」代表のようなふりをして大日本帝国を擁護する運動を始めたことに、日系人たちが反発するのは当然だった。

実態のない「日本人いじめ」

グレンデール市の「慰安婦」碑について報じる日本の保守系メディアや保守政治家は、「慰安婦」碑が設立されて以降グレンデール市において日系人や日本人の子どもに対するいじめやヘイトクライムなどが頻発していると主張している。たとえば、「慰安婦像設置に抗議する全国地方議員の会」を率いて現地で抗議活動をした同会代表の松浦芳子(杉並区議)は、次のように言う。

「グレンデール市では慰安婦像設置後から急激に、韓国系住民による在留邦人への嫌がらせが急増した。(中略)それだけ嫌がらせは悪質なのでしょう。特に子供たちがターゲットにされ、韓国人に見つかったら「日本は(韓国人を)性奴隷にした卑劣な国だ」と言って唾をかけられる、と。それが毎日のように繰り返され「僕には汚い日本人の血が流れている」と言って机に頭を叩きつける子供もいたそうです。(『アサヒ芸能』二〇一四年三月六日号)

また、カリフォルニア州サンノゼ(グレンデールから五〇〇キロメートル以上離れているのだが)で取材した保守派コメンテータの青山繁晴は、関西放送の「スーパーニュースアンカー」(二〇一四年五月二一日放送)でこう主張した。

中韓の反日工作っていうのは例えば、カリフォルニア州の中に、嘘の少女像、いわゆる慰安婦に絡んで、実際にいなかった少女を、全然関係ないアメリカに建ててるってことは、もう皆さんご存知だと思うんですが、ところが現地に入りますと、それどころか、日本人の子供たちが、毎日毎日、ひどいいじめにあっていて（中略）唾をかけられたり、殴られたり、そういうことも含めた、具体的に被害のあるいじめを受けているのに、ところがその、日本人が少数派になってしまってるから、その、お子さんも、親御さんも、もうはっきり、こう被害を訴え出ることができないでいると。

同様に日本人がいじめられているという主張を取り上げた『週刊新潮』二〇一四年三月六日号の記事「ラーメンにツバ！　慰安婦像「グレンデール市」で韓国人の日本人イジメ」は「圧倒的多数の韓国系住民による苛烈な「日本人イジメ」」が起きているとし、また『週刊ＳＰＡ！』二〇一四年五月一三日号では「慰安婦像設置　米・グレンデールで起きている凄絶〝日本人イジメ〟」という見出しが掲げられている。

漫画においても、『マンガ大嫌韓流』（山野車輪、晋遊舎ムック、二〇一五年）では「現在多くの在米邦人が不当な嫌がらせを受けていて地域社会の中で孤立しています」「日本人は強姦犯罪者というレッテルを貼られて、韓国人だけでなく多くの米国人からも蔑まれるようになりました」と書かれている。また、在日特権を許さない市民の会（在特会）の桜井誠会長（当時）が帯に賛辞を寄せる『日之丸街宣女子』（富田安紀子、青林堂、二〇一五年）では、グレンデールの高校に通う日本人の生徒のロッカーが壊されたり「レイピストの子ども」という文字とともに生徒の写真が貼り出されるだけでなく、いきなり韓国人のクラスメイトに頭を摑まれ机にぶつけられ顔に唾を吐き捨てられる描写が描かれ、「似た事件はグレンデールで何件も起きている」と書かれている。

こうした「日本人いじめ」について現地の日系人団体に聞いてみたところ、そのような噂を聞いたことすらない、との回答が得られた。それでも、もし事実なら大変な問題なので調査が必要と感じ、日系人団体の人たちと協力して現地の警察・学校・教育委員会、その他のさまざまな機関や民間団体に問い合わせたが、やはり何の相談も通報も報告されていなかった。調査をするうちに現地の地方紙や全国紙、さらには日本の大手マスコミの記者にも話をする機会があったが、彼らも「日本人いじめ」が広範に起きているという根拠を何ら見つけることができなかった(たとえば日本外国特派員協会機関紙『ナンバー1新聞』二〇一四年九月三〇日の記事)。『東京新聞』が外務省に問い合わせた結果も同じだ(二〇一四年八月二九日記事)。

「日本人いじめ」の実態は、その実在を主張する保守派の側ですらつかめていない。たとえば、日本から杉田水脈をはじめとする次世代の党(当時)の現職国会議員三名がグレンデール市を訪れ、いじめ被害を受けた児童の保護者との面談を希望したが、結局見つからずに面談することができなかった。また、後述するように目良らがグレンデール市を訴えた裁判において、原告側は「碑が設置されたことによる実害」として「碑が設置された公園を心情的に利用しにくくなった」程度のことしか主張しておらず、いじめやヘイトクライムが起きているとは一度も訴えていない。

もちろん、相談や通報がないからといって、それはいじめが一切起きていないという証拠にはならない。事実、いじめの被害を受けながらも、誰にも相談できずに泣き寝入りをした経験のある人は多いだろう。しかし、松浦や青山が主張するような、あるいは『大嫌韓流』や『日之丸街宣女子』が描写するような、「慰安婦」碑を口実とし日本人だけを標的とした広範かつ日常的ないじめやヘイトクライムの蔓延は、客観的な状況からみてありえそうにない。むしろ、そうしたデマの蔓延こそが、関東大震災の際に広まり朝鮮人への集団的暴力に繋がった、「朝鮮人が井戸に毒を流している、暴動を起こしている」的な差別的デマを連想させる。

「慰安婦」碑の撤去を求めた訴訟の内実と結果

二〇一四年二月、目良らがグレンデール市に設置された「慰安婦」碑の撤去を求めてロサンゼルスの連邦地方裁判所で訴えを起こす二週間前に設立した団体が、「歴史の真実を求める世界連合会」(GAHT)だ。この大仰な名前は、おそらく中国系アメリカ人を中心とし、日本の戦争犯罪の責任追及を続ける団体「世界抗日戦争史実維護連合会」のパロディだろう。目良がどの時点で日本国内の右派との繋がりを持ったのかは明らかではないが、日本再生研究会以来の目良の仲間に加え、藤岡信勝(新しい歴史教科書をつくる会理事・前会長)、山本優美子(なでしこアクション代表、在特会元副代表・事務局長)、加瀬英明(史実を世界に発信する会代表)ら、日本の保守論壇でよく知られた「慰安婦」否定論者がGAHT幹部に名を連ねる。

グレンデール「慰安婦」碑裁判における目良やGAHTの主張は次のようなものだ。第一に、グレンデール市という一自治体が「慰安婦」問題を取り上げたことは、アメリカ憲法において連邦政府のみが持っている外交権限を侵害するものだ、というもの。第二に、グレンデール市議会において碑の設置が決議された際、碑に併設されたプレートの文面について説明がなされておらず、カリフォルニア州法で定められた手続きに反しているのではないか、というものだ。日本の支援者に向けては「裁判を通して歴史的事実を明らかにしていく」と言いながら、訴状には歴史的事実に関する主張は一切ない。また前述のとおり、「日本人いじめ」などの具体的な被害の訴えも全くない。

第一の論点について説明すると、たとえばアメリカでは一部の州が独自に非正規移民を取り締まる法律を作ったが、憲法において移民制度は連邦政府の権限とされており、州法は違憲であるという判決がある。目良らは、グレンデール市の行為も連邦政府の外交権限を侵害しており違憲だと主張しているのだが、アメリカにおいて自治体が議会を通じて国際問題について意見を表明するのはよくあることだ。そもそも、移民取り締まりについての判決は、州の権力行使を伴う行為により権限を侵害された連邦政府が州を訴えたことから裁判になったのだが、グレンデール市を訴えたのは民間人だ。裁判所は、目良らは原告適格がないという判断を下した。また、第二の点は州法違反についての訴えなので、連邦裁判所ではなく州裁判所に訴えるべきだとして、訴えは却下された。

この判決を受け、目良らは連邦控訴裁判所に判決を控訴するとともに、州裁判所でも訴えを起こした。しかし翌年州裁判所も、原告の訴えは「連邦主義と民主主義の根本的な原理に反するものだ」として、なんの正当性もないばかりか、自由な言論を封殺する恫喝訴訟(ＳＬＡＰＰ)だと認定し、原告に被告グレンデール市への裁判費用の弁償を命じた。

恫喝訴訟とは、おもに政府や大企業が、自らに不利な言論を抑止するために、立場の弱いジャーナリストや市民団体などを裁判に訴えることを指す。こうした訴訟は言論の封殺を目的としているので、実際には法的な正当性はないことが多いのだが、一般のジャーナリストや市民団体は裁判に対処する資金の捻出や書類の準備などだけで追い詰められ、自由な言論を行えなくなる。カリフォルニア州法にはそういった手法から言論の自由を守るために、一定の条件のもとで恫喝訴訟を認定し、裁判を早めに終わらせるとともに恫喝した側に賠償金を支払わせる制度があるのだ。しかし、今回の訴訟では、原告側が民間人および市民団体であり、被告側が自治体である。ただでさえ恫喝訴訟の認定には難しい条件があるのに、民間人が自治体を訴えた裁判が恫喝訴訟と認定されるのは異例だと言っていい。

目良らははじめ、この裁判の代理人を世界有数の大手国際弁護士事務所に依頼していたのだが、経済誌『フォーブス』のコラムニストがこの弁護士事務所を批判する記事を発表すると批判が集中し、代理人が辞任する騒ぎにもなった。目良らは現在(二〇一六年三月時点)、新たな弁護士とともに連邦裁判所・州裁判所のそれぞれで控訴し裁判闘争を続けているが、二〇一五年一〇月までの収支報告によるとGAHTは累計三〇〇〇万円以上の赤字を出している。戦前生まれのご高齢にもかかわらず、頻繁に日本に渡り活動資金の寄付を募りつつも米国各地で開かれる「慰安婦」否定集会での講演も続ける目良のバイタリティだけは目を見張るものがある。

「慰安婦」否定派に対する反発・抵抗の広がり

裁判闘争と並行してアメリカで目良や日本の保守派が続けているのは、アメリカ各地に住んでいる日本人たちの組織化だ。これまでわたしが確認しているだけでも、ロサンゼルスのほかにサンフランシスコやニューヨーク、サンディエゴなどにおいて何度も「慰安婦」否定論を主張するイベントを開いている。頻繁に登壇するのは、目良に加え、前述の山本優美子、「テキサス親父」として知られるアメリカ人ユーチューバーのトニー・マラーノ、そのマラーノの「日本事務局」を名乗る企業経営者の藤木俊一、宗教団体「幸福の科学」系の「論破プロジェクト」代表の藤井実彦らだ。ほかに、グレンデールに抗議のために訪れた元衆院議員の杉田水脈や、日本会議に深い繋がりを持つ教育学者の高橋史朗、「日本近現代史研究会」事務局長の細谷清、「新しい歴史教科書をつくる会」の藤岡信勝、「ニューヨーク正論の会」を主宰する鈴木規正らが参加することもある。これらの集会の多くは、幸福の科学サンフランシスコ支部長だった田口義明ら同教団職員によって会場の予約などが行われていたことが確認されている。

こうした集会のほとんどは日本語で開催され、告知も日本語でしか行われないので、日系アメリカ人を含め一般のアメリカ人にはそれが行われていることすら知られることはなかった。しかし、二〇一四年末にサンフランシスコ近郊で開かれた「慰安婦」否定イベント以降、こうした動きに反対する現地の日本人や米国に移住した在日韓国・朝鮮系の人たちによってその動向が明らかにされ、さまざまなアジア人やアジア系アメリカ人のグループ、反戦団体、女性団体などが連携して「慰安婦」否定論者への抗議運動が展開されることになった。

たとえば、サンフランシスコ近郊で開かれた山本・藤井らによる講演には、平和団体のメンバーらが中心となって抗議活動を仕掛けた。抗議があること自体はインターネットで告知がされていたので山本らも警戒していたようだが、参加者の多くが韓国人や中国人ではなく白人のアメリカ人だったことに驚いていたようだ。抗議に参加した「反核行動委員会」のスティーブ・ゼルツァーは筆者の取材に答えて、「かれらは抗議に来るのは韓国人だと思っていたようだが、この問題を日本と韓国のあいだの外交問題としてのみ考えるのは間違いだ」と語った。

なぜ反戦・反核団体がこの問題に関心を寄せるのか？　この問いにゼルツァーは次のように答えた。「安倍政権はアメリカの後押しを受けて軍国主義化を進めている。過去の戦争の歴史を書き換えることは、新たな戦争をはじめる第一歩だ」。また、同じく抗議に参加した「平和を求める退役軍人の会」のマイケル・ウォンは「日本が第二次世界大戦における戦争犯罪を否認することは、それ自体が不当であるだけでなく、アジアにおける国際的な緊張を高めることになる」と指摘する。「いまの日本は素晴らしい国だ。戦後の日本は戦争をせずに繁栄と地位を得ることに成功した。なぜ軍国主義化する必要がある？　山本氏らは日本の名誉のために戦っているつもりかもしれないが、彼らの行動はせっかく高まっている日本の評判を落とすだけだ」。

二〇一五年の三月にニューヨークでマラーノ・山本・高橋らが登壇した「慰安婦」否定イベントは、もともとニューヨーク日系人会館での開催が予定されていたのだが、「歴史についての学習会をする」としか聞かされていなかった日系人会館は、開催直前になってその実態に気づき予約をキャンセルした。主催者らは急遽近くのレストランを借りて集会を開いたが、そこにもニューヨークの団体「核国家に反対するナマケモノの会」をはじめ、国連女性の地位委員会に参加するために現地を訪れていた日米の平和・人権活動家らによる抗議デモが押しかけた。このデモについて、「テキサス親父日本事務局」を名乗る藤木は「デモ参加者は時給二〇ドルで雇われたホームレスで、六人のデモ参加者がニューヨーク市警に逮捕された」とデマを流した。翌日の『産経新聞』(三月一〇日)にも「夕刻にデモをしたなどとして、数人が市警に一時拘束されたという」という記事が掲載されたが、事実無根だ。

「慰安婦」否定派への抵抗運動として圧巻だったのは、二〇一五年四月にシアトルから二時間ほど内陸に行ったところにあるセントラルワシントン大学で行われた「慰安婦」否定イベントに対抗する動きだ。このイベントは、アメリカ人に訴えかけることを目的に英語で開催され、アメリカの大学のキャンパスにおいておそらく初めて行われるという点で、それまでのほとんど全ての「慰安婦」否定イベントとは一線を画していた。

セントラルワシントン大学での「慰安婦」否定イベントを主催したのは、同大学で日本語講師をしている岡田コリンズまり子だ。このイベントはもともと、二〇一一年の東京都知事選に出馬した泡沫候補として知られる谷山雄二朗が制作した「慰安婦」否定論を訴える映画の上映と谷山の講演として企画されたが、谷山のメッセージはアメリカ人には伝わらないという懸念から、直前になってシンポジウム形式に変更され、目良らの講演がプログラムに追加された。また、谷山の三時間を越える映画は急遽四五分に編集されたうえで上映された。

「慰安婦」否定論の映画を作った日本人映画監督が自分たちのキャンパスに来ると知った学生や教員・スタッフたちはこれに憤慨し、さまざまな人たちがさまざまな形で対抗する動きをはじめた。このような反応が学内から起きたのは、谷山が自分の映画の予告編を動画サイトで公開していたため、多くの人がその内容がどれだけ酷いものなのか事前に知ることができたことが大きい。さまざまな対抗する動きのなかで一番大きなものは、人類学部准教授のマーク・アウスランダーが企画した、人類学・歴史学・政治学・文学などさまざまな分野の専門家によるパネルで、これには数百人の学生たちが参加した。また、これとは別に歴史学部は、学部に所属する全教員による連名で、日本政府に「慰安婦」問題の公正な解決を求める声明を発表した。

学生たちの企画としては、元「慰安婦」たちの証言を伝える短いドキュメンタリー映画の上映と、演劇学部の学生によるそれとは別の証言の朗読が行われた。また、中国人留学生のグループは岡田が企画した否定派側のイベントの会場の外で静かにメッセージを記したプラカードを掲げる抗議活動を行った。

否定派側のイベントは対抗側のイベントより三〇分早く始まったため、興味本位で谷山の講演を見に来ていた三〇人ほどの聴衆のほとんどは、対抗側のパネルが始まる時間になると続々と席を立ち、あとには主催者や登壇者のほかは数人しか残らなかった。退席する学生たちに向かって壇上から「お前たちは真実から逃げるのか」と罵倒した谷山がさらに評判を落としたのは言うまでもない。また、否定派のイベントは翌日もう一度開催されたが、同じ時間に対抗イベントは何もなかったにもかかわらず、その日の参加者は前日よりさらに減っていた。

谷山らの講演会を企画した岡田はその反響について、イベントから一カ月後に公開したメッセージで「日夜寝る間も惜しんで、いまだにダメージコントロールに追われております」と告白した。「谷山さんのスピーチビデオを御覧になった方々から絶賛の声が上がっていますが、アメリカ人の反応は全く反対でした」と彼女が言うように、俗語や有名人のゴシップを話に混ぜて芝居掛かった表現で元「慰安婦」たちや彼女たちを支援している人たちをひたすら揶揄したり罵倒するような谷山のスタイルは（編集版ではカットされたが、元の映画には被害を訴える元「慰安婦」に向かって銃を発砲するイメージ画像まで含まれている）、学生の中に少しはいたであろう、彼の話を真摯に聴こうとして参加した人にまで反感を与えたようだ。

サンフランシスコ市での碑の設置をめぐる日本政府の圧力

二〇一五年七月、サンフランシスコ市で立ち上がった「慰安婦」碑設置の動きは、在米日本人を中心とする「慰安婦」否定派と、それに対抗するさまざまなグループの全面衝突の場となった。これまでもアメリカではグレンデール市をはじめいくつかの街に「慰安婦」問題に関連した碑が設置されているのだが、サンフランシスコ市ほどの大都市に設置されるのは初めてのこととなる。

市議会が碑設置を認める決議をしようとしている、というニュースはなでしこアクションらによって大々的に拡散され、主に日本からだが、何百通もの反対意見が市議会に殺到した。はじめ市議会はこの決議がそれほど反発を浴びるとは思ってもいなかったようだが、GAHTの目良、幸福の科学の田口、セントラルワシントン大学の岡田ら、多くの在米日本人が市議会に押しかけ反対意見を述べた結果、委員会で公聴会を開き夏休み明けの九月に採決をとることになった。

サンフランシスコ市で「慰安婦」碑の設置を求めて二年ほど前から活動していたのは、中国系アメリカ人を主体とする「南京大虐殺賠償請求連合」（RNRC）という団体だ。しかし在米日本人たちによる反対運動に対抗して、前年の「慰安婦」否定派集会に対する抗議活動を行った平和団体やアジア系アメリカ人団体などが集結し、「慰安婦公正連盟」を発足させた。この連盟に参加したのは、RNRCをはじめとする中国系アメリカ人団体のほか、NCRRなどの日系人団体、「日本多文化救援基金」のような在米日本人や被差別日系(アメリカに移住した在日韓国・朝鮮人や琉球やアイヌの人々、被差別部落出身者など、在米日本人コミュニティの内側にいるマイノリティ集団のこと)の団体、韓国系やフィリピン系やその他のアジア系アメリカ人団体、「平和を求める退役軍人の会」や「コード・ピンク」のような平和団体、国際的な連帯行動に取り組んでいる労働運動、人権や平和の問題に取り組む宗教関係者や学者たち、その他さまざまな団体や運動に関わる人たちだ。

しかしサンフランシスコ市では、これまで「慰安婦」碑をめぐって論争が繰り広げられてきたほかのどの街でも見られなかった問題が浮上した。それは、在米日本人ではなく日系人社会からの組織的な反対論だ。既に述べたとおり、それまでアメリカにおいて「慰安婦」碑設置に反対してきたのは主に「新一世」の在米日本人や移民であり、数世代前から米国に住んでいる日系人たちではなかったのだが、サンフランシスコでは市内のジャパンタウンの有力者たちのうち数人が反対に回った。たった数人とはいえ、彼らは日系人社会のリーダー格であり、選挙運動などを通した市議たちとの関係も深いため、無視できない影響を持った。

念のため言っておくと、ジャパンタウンの反対論者たちは、目良らとは違い、「慰安婦」問題の歴史的事実に異論があるわけではない。かれらはアメリカ社会ではリベラルと呼ばれる立場であり、数年前にサンフランシスコ市と姉妹都市の関係にある大阪市の橋下徹市長が「慰安婦」制度を正当化するような発言をした際には、大阪市長を非難する決議に率先して賛成していた。しかし今回かれらは、「慰安婦」碑設置の動きが、ふたたび第二次世界大戦のときのような日系人排斥・日系人差別の風潮を引き起こさないか懸念している、というのだ。

「慰安婦」碑に賛成している日系人たちが反対派の日系人たちと対話を続けていくうちにわかったのは、山本ら日本の右派や目良ら在米日本人だけでなく、在サンフランシスコ日本総領事館自体が、ジャパンタウンの有力者たちに対して強力に働きかけていた、という事実だ。それまでにも「慰安婦」に関する決議を審議している自治体に対して日本の外交官が出向いて「日本政府の立場を説明する」というような働きかけはあったが、サンフランシスコ市では日本政府が直接ジャパンタウン有力者に働きかけ、「慰安婦」碑に反対の運動を起こすよう促したという点で、これまでよりはるかに踏み込んだ形だ。

ジャパンタウン有力者たちの話によると、彼らは「決議が可決されればこういう碑が作られる」と、韓国系アメリカ人が私費で私有地に設置した、日本軍の蛮行を彫刻で表現した碑の写真を見せられ、「碑が設置されたグレンデール市では日本人や日系人の子どもたちがいじめやヘイトクライムの被害にあっている」という説明を受けたという。また、「慰安婦」碑設置運動の裏には中国政府がいて、日米分断を画策している、との「真相」を教えられた人もいた。これらが事実だとするなら(疑う理由はどこにもないが)、日本政府自体が日本の一部保守系メディアで垂れ流されているような悪質なデマを日系アメリカ人たちに吹き込んでいるということになる。

しかしそれだけなら、サンフランシスコ市はそもそもグレンデールにあるような立体的な銅像や彫刻のような形の碑の設置を考えていないことや、グレンデールでそういったいじめやヘイトクライムが起きていないことを、市当局やグレンデール周辺に住んでいる日系人が説明すれば済む話だ。より大きな問題は、日本政府が日系人たちの運営しているさまざまな団体に対して、日本企業からの寄付の引き上げをちらつかせて圧力をかけてきたという複数の証言がある、ということだ。

そうした圧力を受けたとされる団体の中には、高齢の日系人や日本人を支援している団体や、ホームレスの人たちのために食事を提供するなどの活動を行っている団体などがある。前者の団体は、第二次大戦後にアメリカ人と結婚して渡米した日本人女性を多く支援しているが、実質的に高齢の日本人女性やホームレスの人たちの生活を日本政府が人質に取った形だ。また、サンフランシスコのジャパンタウンにある日系アメリカ人歴史協会にも総領事が出向いて、あろうことか歴史の専門家に対して「日本政府の考える慰安婦の史実」をレクチャーしたそうだ。

サンフランシスコの姉妹都市である大阪市からの働きかけも強力だった。当時の大阪市長・橋下徹が「慰安婦」碑設置に反対する書簡を送ったことは報道されたが、実際にはそれだけでなく、公式・非公式のチャンネルを通して決議を阻止しようとする働きかけがあった。その中心となったのは、サンフランシスコ市の要職にあり、日本の名家を親族に持つ、ある日系アメリカ人の女性だ。彼女は姉妹都市プログラムにも関わっており、毎年のように大阪市に招待され日本を訪れている。決して表立って決議反対を主張はしないものの、彼女の市役所における根回しによって決議が危ぶまれることもあった。

サンフランシスコ市の市議会は一一名の定員で、そのうち「慰安婦」碑決議の共同提案者は、中心になって働きかけていたエリック・マー市議を含め、八人いた。残りの三人は、ジャパンタウンを選挙区に持つ市議を含め、決議に慎重な姿勢を見せた。先述の日系人要職者と同じく、彼らは決して公には「決議に反対する」とは表明しないものの、採決を無期限に延期させようとしたり、日本軍への批判を薄めるような大幅な修正を求める(しかし具体的な修正案が提示されることはない)といった態度だった。

しかし委員会での公聴会を経て九月にこの決議の採決が行われると、結果は全会一致での成立だった。このような結果になったのには、市議会内部での根回しの成果もあっただろうが、公聴会での「慰安婦」否定派の行動に最も大きな原因があると考えられる。

公聴会では、賛成派・反対派ともに多数の人たちが証言をした。賛成派の筆頭に立ったのが、韓国系アメリカ人団体の手引きでこの日のために韓国から訪れた元「慰安婦」の李容洙《イヨンス》で、彼女の証言のあとには議場から大きな拍手が湧き上がった。また、ほかにも日系人やその他のアジア系アメリカ人や、平和団体のメンバーなど、さまざまな人たちが決議に賛成する証言を行った。そのなかには、家族が広島で原爆の被害を受けたという自身の背景から元「慰安婦」への連帯を表明した日本からの留学生もいた。

一方反対派は、ロサンゼルスからGAHTの目良や水島一郎、同じくロサンゼルスの日本人団体「真実の日本ネットワーク」の今村照美らが参加し証言した。なかでも目良は「二〇万人の被害者、強制、性奴隷など、慰安婦問題について言われていることはすべて嘘だ」と言ったのち、サンフランシスコ州立大学の人類学者サラ・ソー教授の著書を振りかざし、目の前にいる元慰安婦の李を名指しして「この人の証言は信用できない」と批判した。李の証言がソーの著書に書かれている内容と矛盾している、という指摘のようだが、目良が振りかざしていたソーの著書 *The Comfort Women: Sexual Violence and Postcolonial Memory in Korea and Japan*（シカゴ大学出版、二〇〇九年）では、元「慰安婦」の証言の一部に誇張や間違いが含まれることは、日本の保守派が言うような「日本は事実と異なることでいわれのない非難を受けている」ということを意味しない、とはっきり指摘している。

目良や水島のこうした発言に対して、議長を務めたマー議員は「あなたは李氏を嘘つきだというのか」と激しく反発し、またデイヴィッド・カンポス議員は目良らの言動が信じられないといった様子で「恥を知れ」と四回繰り返したうえで、「このような発言の後ろに日本政府がついているのでなければいいが」と表明した。日本政府が裏で進めていた、日系人コミュニティや市議たちへの巧妙な働きかけが、目良らのスタンドプレーによって瓦解した瞬間だった。公聴会でのあの発言を聞いたうえで、「「慰安婦」問題の史実を伝える記念碑は必要ない」という立場を取れる市議は、もう一人もいなかった。

「慰安婦」否定で暗躍する日本政府に対して強まる危機感

外務省や現地の大使館や総領事館などを通した日本政府の暗躍は、サンフランシスコでの日系アメリカ人コミュニティへの働きかけにとどまらない。たとえば、サンフランシスコで「慰安婦」碑設置が決定した翌月（二〇一五年一〇月）、米国を訪れた韓国の朴槿恵《パククネ》大統領に対する抗議活動を行った自称「ヴェトナム系アメリカ人団体」の背後に、日本政府が「歴史問題」について契約しているロビイストがいたことが明らかになっている。

「ヴェトナムの声」を名乗るこの団体は、朴大統領の訪米以前に何の活動実績もなかったにもかかわらず、彼女の訪米に合わせてはじめて登場し、ウォール・ストリート・ジャーナル紙に一面カラー広告を掲載。さらにはアメリカ記者クラブでの会見には、ミネソタ州選出のノーム・コールマン元上院議員が出席し、ヴェトナム戦争における韓国軍による市民への性暴力やその他の暴行について、韓国軍と韓国政府の責任を追及した。この元上院議員こそ、日本政府が「歴史問題」対策で契約している国際法律事務所ホーガン・ロヴェルズ社に所属するロビイストであり、記者会見を設定したのもホーガン・ロヴェルズ社だった。またコールマン元議員は同時期に韓国軍の戦争犯罪を追及する論説を発表したが、のちには日本軍の「慰安婦」問題の追及はそろそろ終わりにしようという別の論説も書いており、日本政府の立場を忠実に代弁している。

ヴェトナム戦争における韓国軍による性暴力については、これまでもヴェトナムと韓国の女性団体や市民団体が追及を続けてきた。そのなかで中心的な役割を担ってきたのは、元「慰安婦」の支援を行っているさまざまな団体や研究者たちだ。たとえば韓国挺身隊問題対策協議会（挺対協）は、韓国軍による性暴力の被害を受けたヴェトナム人女性に加え、パレスチナやコンゴにおいて軍隊や武装勢力による性暴力の被害を受けた人たちに連帯し、資金提供などの支援をする活動を行っている。しかし、この「ヴェトナムの声」は、それらの運動や団体、あるいは他のヴェトナム系アメリカ人の人権団体や女性団体などと何の関係もないところに突然生じ、何の協力関係も築こうとしていないばかりか、一般からの寄付すら一切募っていないという点で、かなり不自然だった。

日本政府の暗躍と言えば、アメリカの研究者たちを驚愕させたのが、時を少しさかのぼる二〇一四年一一月から翌年一月にかけて、アメリカで使用されている世界史の教科書の内容について日本政府が「慰安婦」に関する記述の削除や書き換えを著者や出版社に迫った件だ。アメリカ出身の作家・有道出人《あるどうでびと》による教科書著者の一人であるハワイ大学歴史学部のハーバート・ジーグラー教授へのインタビューによると、彼のもとに在ホノルル日本総領事館の係官からメールで「あなたの教科書について話したい」という連絡があったという。ジーグラーが話し合いを持つことに興味がないと答えると、係官は一方的に日時を告げ、総領事館を訪れるよう通知した。そこでジーグラーは教科書出版社とこの件について協議し、教科書の内容についての問い合わせなら出版社の広報部門に連絡してくれと係官に伝えたが、相手はあくまで「直接面会したい」と譲らなかった。

その後、ジーグラーがしばらく総領事館からのメールを無視していたら、ある日、自分のオフィスで昼食を取っていたときに、突然その係官が通訳を伴って部屋に入ってきて勝手に椅子に座ると、ジーグラーの教科書の記述がいかに間違っていて修正されるべきか、一方的にまくしたててきた。

これに対して、ジーグラーは歴史教科書がどのように編纂されているかを説明した。歴史教科書は数年ごとに改訂されるもので、そのとき新たな歴史学的発見や解釈によって教科書の記述が変更されるのはよくあること。この教科書の初版が出版されてから一五年にわたって出版社では専門のリサーチャーがあらゆる記述について調査を続け内容を更新してきたが、その役割を担うのは各国の歴史学者たちによる研究や相互批判の積み重ねであり、政府の出る幕ではない。しかし日本政府からの圧力は続き、翌年一月には安倍首相が国会答弁でジーグラーらによる教科書の内容に「愕然とした」と発言、「日本の名誉にかかわる問題」であり「戦略的・効果的な情報発信」を行うことを表明した。

こうした圧力に対し危機感を抱いた米国の日本史専門家ら二〇名の歴史学者たちは、アメリカ歴史学会が発行している機関紙の三月号において「日本の歴史研究者に連帯する声明」を発表、さらに安倍首相の米国訪問を挟んで五月には二〇〇名近い各分野の日本研究者（追加署名分を含めると四五七名）が参加した第二の声明が発表された。これらの声明は、日本政府による歴史研究への介入を非難し、日本政府が「慰安婦」問題の史実に向き合うことを要求するものだ。

とくに第二の声明は、『ジャパン・アズ・ナンバーワン』のエズラ・ヴォーゲル、『敗北を抱きしめて』のジョン・ダワー、『歴史としての戦後日本』のアンドリュー・ゴードン、『歴史で考える』のキャロル・グラック、『国民の天皇』のケネス・ルオフ、『天皇の逝く国で』のノーマ・フィールドら、トップクラスの研究者であるばかりか、アメリカ政府のアジア政策にまで影響を与えるような名を知られた大物がほぼ全員名を連ねた画期的なものだった。これだけの知日派や親日派が政治的立場の相違を超えて名を連ねたことは、日本政府の学問介入と「慰安婦」否定論への肩入れにかれらが相当の危機感を抱いていることの証だろう（公平性のために情報開示しておくと、筆者もこの声明には署名しており、その編集過程にも関わった）。

「慰安婦」問題の日韓合意で割れる保守派の反応

二〇一五年の年末、日韓外相による「慰安婦」合意が発表されたとき、ホワイトハウスを代表してこれを歓迎する声明を出したのは、国家安全保障担当スーザン・ライス大統領補佐官だった。以前から「アメリカの軍事・外交上の必要から、米国政府は日韓に働きかけて何らかの手打ちをさせようとしている」という解説がメディアで見られたが、安全保障担当の補佐官が真っ先に歓迎の声明を出したことはこれを裏付けるものと言える。

アメリカ政府の歓迎声明の影響を受けてか、日韓「合意」は主なメディアでも好意的に報道され、事情をよく知らない人にはそれが一九九三年のいわゆる河野談話から何の進展もみられないものであることや、被害者である元「慰安婦」の人たちの声を一切反映していないこと、そして数々の国連委員会からの勧告や米国下院決議の要求にはるかに届かないものであることなどは、分かりにくくなっていた。しかしこれまで「慰安婦」問題に取り組んでいた人たち、たとえば、サンフランシスコやグレンデールで「慰安婦」碑を推進・擁護してきたり、ニューヨークなどで「慰安婦」否定派に対抗してきた人たちが「合意」への批判を表明すると、そうした意見も一部のメディアで取り上げられるようになった。

一方、日本の共同通信はニューヨーク州ナッソー郡などで「慰安婦」碑設置に関わってきた韓米公共委員会(KAPAC)に電話取材し、今後は「慰安婦」問題に関わる「政治的な活動を辞める意向を表明した」として、「合意」を批判するロサンゼルスのカリフォルニア州韓国系アメリカ人フォーラム(KAFC)と対比させる報道をした。しかしその後数カ月経ってもKAPACのウェブサイトにはそうした説明はなく、筆者のメールでの質問にも返答がない。いずれにせよ、これまで「慰安婦」問題に関わってきた米国のほとんどの人たちが今回の「合意」に反発している事実は変わらない。

「合意」に対する反応が割れているのは、むしろ在米日本人の保守勢力の側かもしれない。批判をいち早く公表したのは、グレンデール市を相手取った裁判闘争を続けるGAHT代表の目良だ。声明で目良は、ソウルの日本大使館前やグレンデール市の「慰安婦」碑を撤去するなどの確約も取らずに一〇億円の拠出に合意したのは日本の外交的敗北であると批判した。また、「ニューヨーク正論の会」の鈴木規正は安倍首相への公開質問状で、在米日本人たちは今回の「合意」を受けて「祖国の硫黄島に想いを寄せた」と記した。「慰安婦」碑の設置に反対するなど様々な活動を続けていたのに、期待していた本国からの支援を拒否され絶望に打ちひしがれている状況を、供給を絶たれ孤立した戦いを迫られた硫黄島の日本軍になぞらえたものだ。

一方、ロサンゼルス近郊で目良とは一線を画した「慰安婦」碑反対の活動を続けてきた作家の馬場信浩はSNS上で、日韓合意への不満に「お気持ちは分かります」とした上で、安倍首相には彼なりの外交上の「狙い」がある、として擁護した。馬場は日本会議の支援を受けて朝日新聞社を訴える裁判を日本で起こしており、今回の合意をめぐる日本の保守派の分裂が、それらと連携する在米日本人たちの対応にも反映されたかたちだ。

「慰安婦」否定の対外発信のゆくえ

日韓「合意」によって「慰安婦」問題が「最終的に解決」されたと発表されたあとも、日本政府や保守系日本人による米国や国連を「主戦場」とした「歴史戦」の対外発信は活発に続いている。

たとえば、二〇一六年二月にジュネーヴで開催された国連女性差別撤廃委員会では、元国会議員の杉田らが、続いて三月初旬に開かれた国連人権理事会では「テキサス親父日本事務局」の藤木が非政府組織代表として参加し、「慰安婦」問題について「二〇万人の被害者、強制、性奴隷」を否定する発言をした。これらは女性差別撤廃委員会に日本政府代表として参加した杉山晋輔・外務審議官の発言とも合致している。

ニューヨークの国連本部で国連女性の地位委員会が開催された同年三月には、国連本部近くの会場で目良、藤木、杉田、藤井（論破プロジェクト）、山本（なでしこアクション）、細谷（日本近現代史研究会）、鈴木（ニューヨーク正論の会）、マラーノ（「テキサス親父」）が四回に及ぶイベントを開催し、日本語と英語で「慰安婦」問題は虚構であると訴えた。もっとも英語で開催したイベントでは、「日本人は弱者をいたわるが、韓国人はドブに落ちた犬を叩く文化だ」（細谷）、「あなたたちが信じているのは捏造だ」（目良）、「元慰安婦を自称する人には、政治的なプロパガンダに利用されて、支援団体からこう話しなさい、ああ話しなさいというトレーニングを受けている人がいる」（杉田）などの発言で、聴衆から猛反発を受けていた。特に紛糾したイベントの後、杉田は「観衆は全員韓国、中国に洗脳された桜ばかり」「挺対協や世界抗日連合が後ろにいて、国連の職員を始め、韓国人、中国人、日本人以外の人達を動員していた」とブログに書いたが、日本国内でしか通用しないような自分たちの発言が聴衆を完全に敵に回したという認識ができないのだろうか。

「対外発信を強化せよ」の掛け声のもとに、日本政府及び保守系日本人の米国や国連における攻勢はとどまるところを知らないが、サンフランシスコの公聴会における目良の発言のように、同時に一部の保守系日本人の過激な言動が日本政府の思惑にとって障害になっている側面もありそうだ。前述の馬場は「慰安婦」碑の設置やカリフォルニア州の歴史教科書における「慰安婦」の記述に反対する運動をしているが、彼は地元の地方議員や有力者と対話し関係を築くという手法を取っており、目良らのスタンドプレーに対して批判することも多い。日韓合意をめぐって「合意」反対派と決別した日本の主流派保守運動(安倍首相支持、日本会議系)が、目良らへの支援を考え直すということもあるかもしれない。

筆者はこの数年、たまたまアメリカに住んでいて、日本語と英語の文章を読み書きできて、日系アメリカ人団体やその他のアジア系アメリカ人団体などとの繋がりがあり、性暴力や性的人身取引や植民地主義についての知識もあるという偶発的な要因が重なって、この問題に関わってきた。「慰安婦」問題自体についての知識や取り組みの経験は、日本やアジア各国で活動してきた多くの研究者や活動家らの足元にも及ばないと思っている。日本の保守勢力が「対外発信」の根本的な失敗を認めて、米国から撤退してくれれば、これ以上彼らによって在米日本人やアジア系アメリカ人コミュニティが分断されることもなくなり、わたしも再び本業である現代の性暴力やドメスティックバイオレンスの問題に集中することができるので非常にありがたいのだが、しばらくはその願いは叶いそうもない。

第3章

謝罪は誰に向かって、何のために行うのか？
——「慰安婦」問題と対外発信

テッサ・モーリス-スズキ

マウマウ記念碑

二〇一五年九月、ケニア共和国首都ナイロビにあるウハル公園で、ある銅像の除幕式が執りおこなわれた。一九五〇―六〇年代の熾烈な独立闘争を戦ったマウマウの戦士たちや、大英帝国植民地政庁によって収監されて拷問を受け、あるいは殺された者たちの遺族とその関係者、およびケニアの一般市民たちが、除幕式を見守っていた。

ケニア独立闘争で暴力的に鎮圧された被害者やその遺族五二二八名が、二〇一三年、謝罪・賠償請求訴訟を起こしたのだが、その訴訟で下された司法判断に基づき、イギリス政府によって建立されたのが、この銅像である。その裁判では、植民地支配した者とされた者との間で合意がなされ、その合意内容には、イギリス政府による「痛切な悔悟(profound regret)」の公式的な表明と、三〇億円強の被害者救済基金の設立が含まれていた。

しかし、これでこの物語は終わったわけではない。研究者の調査によると、およそ九万人のマウマウ支持者とされた人々は、植民地政庁やその管轄下にあった者たちによって拷問され、あるいは虐殺された。そしておよそ一二万の人たちが、きわめて劣悪な環境の監獄や収容所に長期間拘束された(BBC 2015, Elkin 2010, Anderson 2011)。植民地政庁によって収監された者の中には、よく知られているように、アメリカ合衆国第四四代大統領となるバラク・オバマの祖父もいた。まだ多くの被害者たちへの賠償は残されている。新たな賠償請求訴訟は、二〇一六年に審議が開始される。

東アジアから一万キロ以上も離れた場所で展開されている、こうした出来事からこの稿を書き始めたのは、植民地主義が残した有形の傷痕と無形の記憶は、世界的な広がりをもつ問題であることを示したかったからである。

植民地主義の暴力と不正義について国境を越えて比較するのは、植民地主義がおこなってきたことに関する醜い自国正当化競争を生む危険性がある。「他の植民地主義勢力がおこなったことに比べれば、我が国が膨張政策のもとでやったことは、ずっとましである。病院を建てた。学校教育を普及させた。交通・通信網等を整備した」といった具合に。

しかし、そのような主張が、自国の植民地主義の本質を正当化するものではないし、また正当化するようなことがあってはならない。二〇世紀前半まで地球をおおった植民地主義帝国は、いかなる意味でも、差別・排除・不平等そして剝き出しの暴力によって支配されたものだったことは疑いようがなく、そういった負の遺産を認知し、過去の不正義を是正しようとする試みこそが、加害者・被害者双方における相互理解と和解への道を開くのだから。

＊　＊　＊

遠く離れたアフリカの地で起こったこと、そして現在進行していることから日本を顧みてみると、そこでは一般に右派と称される人々による、日本植民地主義の歴史を書き換えようとする試みが目立つ。

戦後七〇年の節目に当たる二〇一五年八月一四日、安倍晋三首相は「戦後七〇年談話」(以下、「七

○年談話」)を発表した。これは、日本の近現代史にかかわる基本的な部分について誤った解釈に基づいて作成されたものだった。

たとえば、欧米列強の帝国主義的保護主義と経済封鎖は、日本による対米戦争・真珠湾攻撃の原因であったかもしれないが、一九三一年の満州侵略、その後の中国への全面侵略を動機づけたものではない。経済史学者の定説によれば、帝国主義的保護主義に先鞭をつけたのは、むしろ大日本帝国のほうだった。満州事変の時点で、世界が保護主義に走る動きは、まだほとんど始まっていない。大英帝国が帝国内特恵関税を定めたのは、一九三二年になってからである。「七〇年談話」の中で、安倍は、中国侵略への説明として、欧米列強による日本への経済封鎖をあげているが、それは日本による中国侵略への対抗・制裁措置だったのであり、その原因ではなかった。

一九三一年に起きたことの主な要因は、日本における軍部と文民政府との軋轢、資源確保および生活圏の拡張を欲した日本帝国の野望、経済的・社会的問題に発した日本国内における急進的ナショナリズムの勃興、そして中国東北部での制度腐敗と政情・社会不安等々だった。五族協和と王道楽土を掲げて満州国を建国すると、日本帝国は一九三七年に中国への全面侵略を開始した。これも欧米列強による経済封鎖からの防衛という因子よりは、どちらかといえば中国で台頭したナショナリズムから日本帝国の大規模権益を守ろうとした試みだったのである。

「七〇年談話」で示された安倍の歴史観は、いうなれば、試験で中国侵略の原因を問われたのに、設問を理解せずに対米戦争の原因を解答した学生の認識と同じようなものだった。いずれにせよ、その歴史観では、日本による台湾の植民地化(一八九五年)や朝鮮の植民地化(一九一〇年)をまったく説明できないし、また一九三一年以前からすでに日本軍が中国大陸に大規模駐留していた事実も無視していることになる。「侵略したのは、欧米列強に追い詰められたからである」と、侵略する者とされる者の境界を曖昧にして、大日本帝国戦争史を説明したものだった。

このように「七〇年談話」は、その歴史解釈が基本的な部分で誤りに基づいていたにもかかわらず、次の箇所で、注目を集め、そして多くの日本国民の共感を呼んだとされる。

日本では、戦後生まれの世代が、今や、人口の八割を超えています。あの戦争には何ら関わりのない、私たちの子や孫、そしてその先の世代の子どもたちに、謝罪を続ける宿命を背負わせてはなりません。（「七〇年談話」二〇一五年）

談話後の『朝日新聞』の世論調査によれば、この部分に「共感する」と答えたのは六三％で、「共感しない」の二一％のちょうど三倍だった（『朝日新聞デジタル』二〇一五年八月二五日）。

「連累(implication)」という概念

戦後生まれの人々にも、先行世代がおこなった戦争や不正義に対する責任や謝罪の義務は存在するのだろうか。

ヨーロッパの衰退した帝国（イングランド）に生まれ育ち、教育を受け、その植民地主義の結果によって成立した国家（オーストラリア）に移民し、アジアにおける「旧」植民地帝国（日本）を研究対象とするわたしは、記憶と歴史的責任の問題を考察する際、グローバル化したポストコロニアルな状況下における歴史的責任問題の複合性と複雑性に立ちすくむ。

一九八〇年代にイギリスからオーストラリアに移住したわたしは、オーストラリア先住民・アボリジニに対して過去におこなわれた収奪と虐殺などの悪行と、そういった悪行をおこなった国に出自をもち、かつオーストラリアに現住する自分との関係を考察して、わたしには「罪」はないかもしれないが「連累(implication)」がある、と結論した。

実際に手を下したことではないにせよ、過去の不正義を支えた「差別と排除の構造」が現在も生き残っているのであれば、わたしにはそれを是正する責任が確実にある。

「連累」とは、次のような状態を意味する。

わたしは直接に土地を収奪しなかったかもしれないが、その盗まれた土地の上に住む。わたしはアボリジニの虐殺を直接おこなわなかったかもしれないが、その虐殺の記憶を抹殺する、あるいは風化させるプロセスに関与する。わたしはアボリジニを具体的に迫害・差別しなかったかもしれないが、正当な対応がなされていない過去の迫害・差別によって成立した社会で生活し、受益している。

現在にいたるまで、アボリジニは差別や不平等に直面させられているのだが、それは基礎的な部分において、差別と排除の構造に基づいた過去の収奪や虐殺の歴史と無関係ではありえない。

二〇世紀後半から二一世紀を生きるわたしたちは、過去の憎悪と暴力とに直接関与していないかもしれない。しかし過去の憎悪と暴力は、現在わたしたちが生きるこの物質・精神社会を「つくり上げ(make)」てきた。そして、それらがもたらしたものを「解体(unmake)」するための積極的な行動をわたしたちがいまとらないかぎり、過去の憎悪と暴力は、なおこの物質・精神社会をつくり続けるだろう。

「連累」とは、法律用語でいうところの「事後共犯(accessory after the fact)」的な関係性を示す。すなわち、「責任」はわたしたちがつくる(つくった)ものだが、「連累」はわたしたちをつくる(つくった)(モーリス＝スズキ　二〇〇二)。

日本の若い世代は、先行世代がおこなってきた悪行の数々に直接的な「責任」を負わない。しかし、その悪行の数々を隠蔽し風化し書き換えるプロセスに関与する、あるいはそのプロセスを黙認するようであれば、そこに「責任」が生じる、とわたしは考える。

過去におこなわれた悪行に直接自分が関与しなかったからといって、「まるで関係ない」とは主張できないのである。わたしたちがいま、それを撤去し壊滅させる努力を怠れば、過去の憎悪と暴力、歴史的な嘘に塗り固められた差別と排除は、現在も社会の中で生き残り、再生産されていくのだから。

「河野談話」と安倍「七〇年談話」

いわゆる「従軍慰安婦」問題をめぐり、時の内閣官房長官によって発表された「河野談話」は、その三倍近くの文言をつかいながらも主語がなく曖昧な部分が多かった(そして前述したように基本的な部分において誤った歴史解釈を含んだ)安倍「七〇年談話」と較べれば、足りない部分があるとはいえ、はるかに簡潔で要点を得たものだった。

慰安所は、当時の軍当局の要請により設営されたものであり、慰安所の設置、管理及び慰安婦の移送については、旧日本軍が直接あるいは間接にこれに関与した。慰安婦の募集については、軍の要請を受けた業者が主としてこれに当たったが、その場合も、甘言、強圧による等、本人たちの意思に反して集められた事例が数多くあり、更に、官憲等が直接これに加担したこともあったことが明らかになった。(「河野談話」一九九三年)

そもそも、敗戦後の日本政治における右派の象徴的な存在である第七一代日本国総理大臣・中曽根康弘や、産経新聞社社長だった鹿内信隆が、帝国海軍主計士官時代に慰安所を設立し管理したことや、あるいはそれに関して軍内部で教育されたことを、その著書などで自慢げに語っている(中曽根康弘「二十三歳で三千人の総指揮官」松浦敬紀編著『終りなき海軍——若い世代へ伝えたい残したい』文化放送開発センター出版部、一九七八年。桜田武・鹿内信隆『いま明かす戦後秘史』上・下、サンケイ出版、一九八三年)。したがって「河野談話」で、日本が国家として慰安所の設立およびその募集に責任があることを認めたのは、なにをいまさらとつぶやきたいほど、遅まきながらも当然のことであった。それにもかかわらず「河野談話」は、「慰安婦」への国家の直接的・間接的な関与を公式に認めた点で、当時としては画期的なものであった。またそれゆえに、日本政治で右派に位置する者たち、とりわけ政権党内部の歴史修正主義者たちから、激しい攻撃にさらされた。

「河野談話」は、日本が国家としての責任を負うことを認め、そして被害者たちに明確に謝罪した点において、世界的に高く評価された。しかし以下の箇所こそ、現在を生きる者たちが決して忘却せず、実践していかなければならない部分である、とわたしは考える。

われわれはこのような歴史の真実を回避することなく、むしろこれを歴史の教訓として直視していきたい。われわれは、歴史研究、歴史教育を通じて、このような問題を永く記憶にとどめ、同じ過ちを決して繰り返さないという固い決意を改めて表明する。

ひるがえって「七〇年談話」は、「慰安婦」にかかわる国家の直接的・間接的な関与には触れていない。いや、そもそも「慰安婦」という言葉の使用すら避けていた。

何の罪もない人々に、計り知れない損害と苦痛を、我が国が与えた事実。歴史とは実に取り返しのつかない、苛烈なものです。一人ひとりに、それぞれの人生があり、夢があり、愛する家族があった。〔中略〕

私たちは、二十世紀において、戦時下、多くの女性たちの尊厳や名誉が深く傷つけられた過去を、この胸に刻み続けます。

では、どうやって「この胸に刻み続け」ようとしてきたのであろうか。

実際におこなってきたことは、歴史教科書からの「慰安婦」関連事項の削除であり、政府による「河野談話作成過程の検証」だった。

これらの動きが世界に示したものは、安倍首相自身が「全体として継承する」と明言した「河野談話」にあった「歴史研究、歴史教育を通じて、このような問題を永く記憶にとどめ、同じ過ちを決して繰り返さない」とする「固い決意」をまったく捨ててしまったことだった。いやそれだけではなく、全面的な歴史修正主義への恥じらいなき跳躍の開始でもあった。

「七〇年談話」に先立つ二〇一四年九月五日、菅義偉《すがよしひで》官房長官は、定例記者会見で「政府の立場、政府の検証の中には、〔慰安婦に対する〕軍や関係者による、いわゆる強制連行を示すような記述は見当たらなかった」と述べた。それには、インドネシアの収容所で起こった、ヨーロッパ系女性たちの慰安所への連行も含まれているのか、との記者の質問に対しては、「インドネシアの事業も調査済みで、強制連行を示しているものは見当たらなかった、というのが政府の見解」と答えている(http://www.kantei.go.jp/jp/tyoukanpress/201409/5_p.html)。

ジャン・ラフ＝オハーンの物語

この記者会見で問われた、日本軍占領下のインドネシアで起こったケースについてすこし触れておきたい。

被占領民としてスマランの収容所に収容されていたヨーロッパ系女性たちが、日本軍によってそこから連行され、強姦され、日本軍の慰安所で強制的に性労働に従事させられた、一般的に「スマラン事件」として知られるケースである。日本軍占領下のアジアでは、日本軍による「慰安婦」強制連行の報告が数多くあるのだが(Touwen-Bouwsma 1994; Yoshimi, Nishino and Hayashi 2007; 東京地裁平五(ワ)五九六六号、一七五七五号、平一〇・一〇・九、民一五部判決、東京地裁平六(ワ)第一二一八号、平一〇・一一・三〇、民事第六部判決、Netherlands Temporary Court-Martial at Batavia 1946など)、そのうちの一例だった。

ヨーロッパ系の女性が「慰安婦」として強制連行されたと強調することは、いかにもヨーロッパ中心主義の主張のようにみえるかもしれないが、それはわたしの意図では毛頭ない。またこのケースは、被害にあった女性の数、彼女たちが慰安所で強制されたこと、およびその期間などを考えると、もっとも悲惨で残酷なものではなかったかもしれない。しかし、この日本占領下のインドネシアで起きたことは、公的機関によってきわめて詳細に検証され、その記録が残されている。

「クマラスワミ報告」が国連人権委員会に提出された二年前の一九九四年、オランダ議会は「日本占領下の蘭領インド(=インドネシア)におけるオランダ人女性に対する売春強要(Forced Prostitution of Dutch Women in the Dutch East Indies during the Japanese Occupation, Tweede Kamer der Staten-Generaal, 1994)」と題した調査をおこなった。この調査の責任者は、国際的に著名な歴史家であるとともに法律家でもあるバート・ヴァン・プールへーストだった。プールへーストは、膨大な量の歴史資料および証言などを精査し、きわめて注意深い言葉でつづられた報告書を、オランダ議会に提出した。

報告書には、日本軍と警察の間で、ヨーロッパ系の収容女性を慰安所で働かせることに関して、意見の相違があったことが記されてある。そのタイトルからもわかるように、この報告書ではヨーロッパ系女性たち、とりわけオランダ国籍女性が主な対象として取り扱われており、インドネシア人、パプア人、あるいは他のアジア・太平洋地域の女性たちの「慰安婦」制度への徴用に関しては、それを主対象としては触れられていなかった。しかし、たとえば「反日活動」をしたとして夫は日本軍によって処刑され、残された妻は慰安所に連行されたパプアの女性など、きわめて残酷な例は、他のケースの傍証として触れられている。

日本軍によって占領された土地に住む、そして多くの場合、敵性国民収容所に収容されていたヨーロッパ系の女性たちにとって、慰安所への連行を自由意思で拒否することは、きわめて困難であった、とオランダ議会調査報告は指摘した。（ときとして日本軍政下にある地元警察の支援も受けた）日本軍と警察が、ヨーロッパ系女性を自由意思に反して連行したいくつかのケースについては、曲解・誇張となってしまうことを避ける目的でか、ぎりぎりのところで「強制連行」という言葉を使用していない。

それほどまでに注意深い「強制連行」の定義によれば、一九四三年半ばまでに、ヨーロッパ系女性が慰安所へ「強制連行」されたことを示す明確な証拠は存在していない。しかしそれ以降、「帝国陸軍と憲兵隊による直接的暴力使用を含む「強制連行」は、日本軍政の政策における顕著な特徴となった」。

そして一九四三年中期から日本軍の敗戦までの間、「インドネシアの日本軍慰安所では、二〇〇人から三〇〇人のヨーロッパ系女性が働かされていたのだが、そのうちのおよそ六五名は、明らかな暴力によって連行されてきた女性たちだった」。

このオランダ議会調査報告書に、のちに虚偽が判明した「吉田清治証言」の引用などただの一行もないことは、言うまでもなかろう(この報告書では、「スマラン事件」のみならず、マゲラン、フロレスなどで起こった八例についても検証されている)。

＊　＊　＊

きわめて注意深く外交的な言葉を使用して綴られたオランダ議会調査報告書の中に登場する、慰安所への「強制連行」で性労働を強要されたと認定された六五名の女性の中の一人が、ジャン・ラフ＝オハーン(Jan Ruff-O'Herne)だった。

ラフ＝オハーンは、日本軍慰安所から解放され、のちにオーストラリアに移住した。現在九三歳で、南オーストラリア州に住む。ラフ＝オハーンにとって一九四四年二月から経験した地獄の日々を語ることは、きわめて困難だった。しかし、五〇年の沈黙を経て、彼女の体験を「自伝」として出版し、「日本軍慰安婦」とされてしまった女性たちへの正義を求める象徴的な存在となった。

現在では、首都キャンベラにあるオーストラリア戦争記念館のウェブ・サイトで、ラフ＝オハーンの物語を読むことができる(https://www.awm.gov.au/exhibitions/alliesinadversity/prisoners/women/)。彼女および他の九人の歳若い女性たちが、日本軍兵士によってスマランの収容所から慰安所にどう連れ去られたのかが、その物語では描写されている。

続く四カ月間一〇人の少女たち(全員が処女だった)に、昼夜にかかわらず強姦と暴行が繰り返された。妊娠した少女は、強制的に堕胎させられた。

『朝日新聞』の「吉田清治証言」誤報に関するNHKの番組(『日曜討論』二〇一四年九月一四日放送)に登場した安倍晋三首相は、(「吉田証言」と『朝日新聞』の誤報によって)「日本兵が、人さらいのように子どもをさらって慰安婦にした」と思われてしまった、と発言した。しかし日本兵は、「人さらいのように」歳若いラフ=オハーンを「さらって「慰安婦」にした」のではなかろうか。

日本の右派に位置する論者たちは、これらの実証された暴力への責任を否定する目的のためか、次のように主張する。すなわち、現地の軍司令官はのちに(ラフ=オハーンたちが連行された)慰安所の閉鎖を命じ、この件に深く関与した将兵たちは、戦後のオランダ戦犯裁判によって罰せられた、と。しかし、一九九四年のオランダ議会調査報告書では、この慰安所はのちに閉鎖されたのだが、同時にスマランの憲兵隊によって、一七名(新たな七人のヨーロッパ系女性を含む)がフロレスにある日本軍慰安所に「強制連行」された、と指摘する。

プールヘースト報告の発表後、一九九八年に日本政府とオランダ政府は、日本軍によって強制的に性奴隷とされてしまったオランダ人女性被害者たちへの「償い(atonement)」を意図する支援プロジェクトで合意した。

それから一六年を経た二〇一四年になって、日本政府は菅義偉官房長官を通し、日本国民と世界に向かって、「慰安婦」の強制連行は存在しなかった、と主張した。

そして現在に至るまで、「性奴隷」は存在しなかった、と日本政府は主張する。しかし、のちに「慰安婦」に関する性労働目的の「人身売買」の部分は認めながらも(二〇一五年四月二八日、オバマ米大統領との共同記者会見における安倍発言)、そして「慰安婦」たちには実質的に移動と選択の自由が著しく制限されていたことを知りながら、それは「性奴隷」ではないとする日本政府の奇妙な言い分は、おそらく日本国内の一部でしか通用しないものであり、世界で相手にされる論理ではない。

大正末期に大ヒットした「籠の鳥」という歌謡曲があった。

あいたさ見たさにこわさを忘れ
暗い夜道をただ一人
あいに来たのになぜ出てあわぬ
僕の呼ぶ声わすれたか
あなたの呼ぶ声わすれはせぬが
出るに出られぬ籠の鳥〔以下略〕

(作詞　千野かほる)

大正末期の「業者」が経営する娼家の女性たちの圧倒的多数は、「出るに出られぬ籠の鳥」だった。満州事変前の内地でそうなら、「人身売買」された女性たちの待遇・環境が、戦地で大幅に改善されたとする証明は、とてもできそうにない。給与を支払われようが支払われまいが、移動と選択の自由が著しく制限された状況下で性労働に従事させられる者を、世界基準では「性奴隷」と呼ぶのである。

＊　＊　＊

二〇一四年九月の定例記者会見で明らかになった菅官房長官の主張から、論理的に導き出しうる「慰安婦」強制連行問題に関する日本政府の立ち位置は、わたしの理解では以下のようなものとなる。

（1）　日本軍占領下のインドネシアで、ヨーロッパ系および他の女性たちを「慰安婦」として強制連行した、とするオランダ議会報告は虚偽である。

（2）　ジャン・ラフ゠オハーンをはじめとし、アジア各地で日本軍によって慰安所に強制連行されたと主張する女性たちは、全員が嘘をついている。

（3）　オーストラリア戦争記念館は、ラフ゠オハーンの物語をウェブ・サイト上に載せ、その虚偽を拡散して「日本人の誇り」を貶めようとしている。

（4）　アメリカ合衆国下院一二一号決議（「従軍慰安婦問題に関する対日本謝罪要求決議」）で、「日本帝国陸軍が若い女性たちを性奴隷として強制連行した」とするアメリカ議会も同罪である。

（5）　アメリカ合衆国下院決議のみならず、オランダ下院決議（二〇〇七年一一月）、カナダ下院決議（二〇〇七年一一月）、EU議会決議（二〇〇七年一二月）、フィリピン外交委員会決議（二〇〇八年三月）、台湾立法院決議（二〇〇八年一一月）などは、すべて虚偽や歪曲に基づいた、日本を貶める目的での議会決議である。

この問題への日本政府の立ち位置に関するわたしの理解がもし正しいとするなら、日本政府は至急、該当各国に公式チャンネルを通し、訂正と謝罪を要求すべきではなかろうか。

送られてきた二冊の本

二〇一五年一〇月、わたしのもとに英語で書かれた二冊の本が送り付けられた。差出人は、自民党の参議院議員であり、日本で国際政治学者として知られる猪口邦子、差出人の住所は、フジサンケイ・コミュニケーションズ・インターナショナルとなっていた。

一冊目は、Sonfa Oh, *Getting Over It!: Why Korea Needs to Stop Bashing Japan*（元本は、呉善花《オ ソンファ》『なぜ「反日韓国に未来はない」のか』小学館新書、二〇一三年。この本の英訳版の版元は、宗教法人・ワールドメイトの深見東州が代表を務めるたちばな出版）。

二冊目は、The Sankei Shimbun, *History Wars: Japan–False Indictment of the Century*（産経新聞社『歴史戦——朝日新聞が世界にまいた「慰安婦」の嘘を討つ』産経新聞出版、二〇一四年の英日対訳ダイジェスト版。日本語タイトルは、産経新聞社、古森義久監訳『歴史戦——世紀の冤罪はなぜ起きたか』産経新聞出版、二〇一五年）だった。

同封された猪口邦子の手紙には、自身がイェール大学で博士号を取得し、三〇年以上にわたって上智大学で教えていたこと、そして政治家となってからの大雑把な履歴といった自己紹介ののちに、次のように記されてあった。

東アジアにおいて、二〇世紀のこの地域の歴史は、現在、国内的な政治的野心に基づいて動く人たちがいるために、間違って歪曲されています。より悪いことに、この歪曲された歴史はアメリカのいくつかの地域にも伝えられています。（山口智美による訳。山口「猪口邦子議員からいきなり本が送られてきた――「歴史戦」と自民党の「対外発信」」SYNODOS 二〇一五年一〇月二一日）

だから、英語圏の政治家・ジャーナリスト・研究者たちは、同封の本で勉強し、歪曲された歴史認識を修正してください、ということらしい。

一冊目の本 *Getting Over It!* で呉善花は、韓国は歴史とその人種的性格に根差した直しがたき偏狭なナショナリズムと偏見をもつ国であって、日本は韓国を切り捨てるべきであろう、とレイシズム丸出しの主張を展開した。日本に帰化した元韓国人としての「権威」をもとに、日本の朝鮮半島植民地支配は、「朝鮮を搾取することを目的とした政策を実施せず」、「その統治に武力的弾圧を用いず」、「言論の自由制限を撤廃」したものであって、西欧の非人道的で略奪的な植民地主義とは対極に位置する、と呉善花は論じた。

まるで日本帝国による戦前のプロパガンダそのままのような主張なのだが、そのどれもが、英語圏のみならず世界中の日本およびアジアの歴史研究者たちにとっては、実証性に乏しい、おそらく初めて耳にする種類の情報の羅列だったのではなかろうか。

二冊目の本 *History Wars* では、「河野談話」に遠慮のない嘲笑と批難を浴びせている。『産経新聞』が支持してやまない安倍が、「七〇年談話」で「維持すると約束」した「河野談話」であったはずなのに。

　産経新聞社のこの本は、日本軍または官吏の直接的な関与によって、一部の「慰安婦」が意思に反して徴用されたとする「河野談話」には、それを立証する史料が存在しない、としている。いうなれば、この本は主に、安倍政権が設立した「河野談話作成過程等に関する検討チーム」（座長・但木敬一元検事総長）が、「慰安婦問題を巡る日韓間のやりとりの経緯～河野談話作成からアジア女性基金まで～」と題し二〇一四年六月に提出した報告を、下品でかつ過激な言葉を使用して焼き直したものである。

　存命している韓国の「慰安婦」たちは、金銭的な対価の約束を信じて虚偽の証言をした、また「河野談話」当時の日本政府は、日韓関係に慮《おもんぱか》り、無根拠と知りながら謝罪した――このような論理で「慰安婦」たちと「河野談話」を罵倒する。

　膨大に存在する史料をほとんど無視し、かつ日韓間でおこなわれた交渉を恣意的に解釈したうえで発表された「河野談話作成過程等に関する検討チーム」の報告は、河野洋平・元官房長官からも批判された。また「河野談話」発表以降、二〇年以上にわたって吉見義明（中央大学教授）や林博史（関東学院大学教授）をはじめとする多くの研究者たちによって掘り起こされた数多くの史料や研究を、全面的に無視あるいは否定したものだった（史料リストは、http://wam-peace.org/koubunsho/ronbun.html 参照）。

　これらの「歴史修正本」の英語版が、日本の狂信的右翼団体によって海外に配布されたものであれば、どこの国にもいる「恥さらし」たちの活動として、わたしはそれほど驚かなかったかもしれない。しかしこれらの本をわたしに送り付けてきたのは、日本で著名な国際政治学者であり、かつ政府与党・自由民主党の有力メンバーだったのである。

対外発信と歴史修正主義本の海外配布

自由民主党外交・経済連携本部・国際情報検討委員会(原田義昭委員長)は、『朝日新聞』が報道した「吉田清治証言」を根拠として、「国際社会が我が国歴史の認識」を歪曲するようになったことを理由として(二〇一五年六月の声明)、「国の主権や国益を守り抜くためには、単なる「中立」や「防禦」の姿勢を改め、より積極的に情報発信を行う必要がある」と同年九月に決議した。

猪口邦子は、その委員会の有力メンバーのようである。この二冊の「歴史修正主義本」の海外送付は、「積極的に(海外に向けて)情報発信を」行うキャンペーンの一連の戦術の一つだったのだろう、とわたしは理解する。

日本国内の一部でしか通用しない狂信的な主張が列記された本を、海外の「有識者」宛てに送付したのは、どう考えても「国際政治学者」として常軌を逸した行動であろう。

この件に関して、猪口邦子は二〇一五年一〇月二二日のTBSラジオ「荻上チキ Session-22」でインタビューを受けた。

荻上 確認ですけれども、多様な意見を理解してもらいたいという趣旨で本を送ったのであって、こうした意見を受け取ってくれという中身に賛同して送ったわけではないということですか?

猪口　多様な意見として、参考資料として送っているというわけです。

二〇一五年一二月七日の『朝日新聞』朝刊の「（戦後七〇年）愛国動画、時代映す」と題された特集記事でも猪口は岩崎生之助記者の取材に、「本の内容に賛同しているわけではない。影響力がある海外の人に多様な意見を伝えたかった」ので、二〇〇人を越える人たちに本を送付した、と答えた。猪口がどう弁明をこころみようとも、次の荻上チキの指摘は本質を衝く。

荻上　〔前略〕なぜあえてこの二冊なのかということが気になるのですけれども、例えば英語で書かれている本というのであれば、歴史学者の吉見義明さんが書かれている本も英語になっていると思うんですけれど、あえてそれではなく、産経新聞社の方を送ったということになるわけですよね〔中略〕

猪口　ですから他の本を送ることも十分考えられます。ただ英語になっていて、そこが結構なネックなんです。

(http://www.tbsradio.jp/ss954/2015/10/post-314.html)。

英語本であっても、なぜあえてこの本を選んだのか、とする荻上の問いに、猪口は回答を避けた。やはり猪口ですら、自分が海外に送付した本は、「恥ずかしい歴史修正本」であると認識していたのかもしれない。

「河野談話」を否定し、日本の植民地主義および戦時暴力の記録を書き換えようとする、この歴史修正主義に基づいた一連のキャンペーンは、「痛惜の念」と「戦時下、多くの女性たちの尊厳や名誉が深く傷つけられた過去を、この胸に刻み続け」ることを国際社会に約束した「七〇年談話」の安倍の文言とは明らかに相反する。それを安倍内閣によって後押しされた政権党の主要人物たちが、党の方針として実行する。

第三次安倍改造内閣で首相補佐官に就任した河井克行などは、訪米に際し、これら二冊の本を米議会関係者に手渡しで配り、失笑をかっている。

そういった動きを海外から(というか、日本国内からでも同様であろうが)眺めていると、日本政府がおこなっていることの整合性の壮大な欠如と基本的な部分での論理の破綻に、わたしはめまいすら覚えてしまう。

この悲劇的かつ自己破壊的な「歴史戦」を戦うことは、これまで困難な状況下にありながらも、過去の暴力の傷を癒やすための活動を続けてきた日本の多くの市民社会運動グループたちの献身的な努力を無効化しようとするばかりか、国際社会における日本の立場を著しく損なうだけだ。

産経新聞社の『歴史戦』には、三人の推薦文が掲載されていた。そのうちのひとつ、東京基督教大学教授の西岡力によるものには、次のように書かれていた。「悪意を持って日本を貶める勢力に、先に謝罪して誠意を見せる日本外交がいかに失敗してきたのかがよく分かる」。

しかし、英語版となったこの本を送付されたり、あるいは手渡しで贈られたりしたほとんどすべての日本研究者・議会関係者・ジャーナリストたちにとっては、「悪意」かそれとも単にその「信仰」ゆえなのかは不明ながらも、いったい誰が「日本を貶め」ているのか、は明白だった。

日本政府は二〇一五年度に、広報外交予算を五〇〇億円増やし（総額約七〇〇億円）、積極的に「戦略的対外発信」をおこなっていくそうである。しかしこの膨大な予算が、「アメリカを主戦場」（前掲『歴史戦』）として、中韓両国との南京大虐殺や「慰安婦」問題にかかわる不毛な「歴史戦」を戦うための戦費として使われるとするなら、世界の中での日本の孤立は深まっていくばかりではなかろうか。

政府間合意があっても歴史は変わらない

歴史というのは、史料・史跡・資料・証言などを丹念に掘り起こし、繋ぎ合わせて、ジグソー・パズルの全体図を組み上げていく、終わりなき地道な作業である、とわたしは考える。（不都合な部分が焼却されたり隠蔽されたりしてしまうことも多い）政府資料だけが、歴史の全体図をつくるわけでは断じてない。

時として、適当な箇所にうまく入らない証言に出くわすこともあるし、また全体図と矛盾しかねない資料を掘り起こすこともあるだろう。

しかし、ひとつのピースがジグソー・パズルの全体図を示すわけでは、決してない。ヒットラーが署名した「ユダヤ人をガス室で根絶せよ」とする命令書は発見されていない。また、ナチス・ドイツによって殺害されたユダヤ人の正確な人数は、いつまで経っても不明のままだろう。だからといって、アウシュヴィッツ・ビルケナウ強制収容所の存在と、そこで殺戮された無数のユダヤ人の存在を否定できるものではない。いくつかの特定のピースだけを取り上げて、南京大虐殺や、日本軍政下の広大な地域でおこなわれた「性奴隷」制度を、肯定することも否定することもできない。それは歴史研究の否定であり、歴史への冒瀆である。

安倍政権は、「性奴隷」制度やその「強制連行」を否定する際の弁明として「政府の調査では……資料は確認(発見)できなかった」とするフレーズをよく使用する。しかし、このフレーズは、まさしく文字通り、そのままで他の調査・研究では「確認(発見)」されているのだろうが、「政府の調査」では、意図的かそうでないかは不明ながらも、「確認(発見)」されていないことを意味しているにすぎない。

この稿を書いている二〇一六年三月、アウシュヴィッツ・ビルケナウ強制収容所で看守任務に就いていたナチス親衛隊(SS)員・ヨハン・ブライアーを被告として、「迫害および大量虐殺」にかかわる裁判が、ドイツで進行中である。被告は認知症を患い、すでに九〇歳を超えている。それでも、過去におこなわれた不正義を是正する試みは怠ってはならない、とするのがドイツ司法当局の立場だ。そして、そういったことが、断じて「ドイツを貶める」行為でないのは、言うまでもなかろう。

＊　＊　＊

二〇一五年末、日本の岸田文雄外相と韓国の尹炳世《ユンビョンセ》外相はソウルでおこなわれた会談ののち、日本軍慰安婦問題は「最終的かつ不可逆的に解決されることを確認する」とする声明を発表した。日本の大手メディアの報道によれば、「最終的かつ不可逆的」な解決とは、「韓国側が「慰安婦」問題を「蒸し返さない」」ことを意味するのだそうだ。

現存する被害者たちの同意を抜きとした「政府間合意」が、いったいどれほどの有効性をもつのか、わたしは知らない。また、文章として残さない「外交合意」や、記者たちの質問を禁じた会談後の記者会見(一般にこれを「記者会見」とは呼ばずに「発表」と呼ぶ。しかし日本の報道では「記者会見」とされた)など、不自然さが目立つ「合意」だった。

日本政府、および一部の日本国民は、韓国側が「蒸し返さな」ければ、「日本軍慰安婦問題」はなくなる、と考えているようだが、それはあまりにも二一世紀の世界の潮流を無視した考え方であると同時に、間違った考えでもある。

おまけに「最終的かつ不可逆的に解決される」のは、どうやら韓国政府のみに適用されるものらしい。「日韓合意」から二カ月も経っていない二〇一六年二月一六日、国連欧州本部で開催された国連女性差別撤廃委員会の対日審査部会で、日本政府代表の杉山晋輔・外務審議官は、「吉田清治証言」を誤って報道した『朝日新聞』が「国際社会に大きな影響を与えた」と指摘し、慰安婦を「性奴隷」と呼ぶのは「事実に反する」と発言している(産経ニュース・デジタル版、二〇一六年二月一七日)。

こういった発言が、どれだけ世界の中で「日本を貶め」「日本人の誇り」を傷つけているのか、どうして日本政府は気づかないのだろうか。

歴史とは、負の遺産を抹殺し、正の遺産だけを相続できる種類のものではないのである。正の遺産を「日本人の誇り」とするのであれば、当然ながら負の部分も受け入れなければならない。

繰り返すが、「河野談話」は歴史的責任を認め、「われわれはこのような歴史の真実を回避することなく、むしろこれを歴史の教訓として直視していきたい。われわれは、歴史研究、歴史教育を通じて、このような問題を永く記憶にとどめ、同じ過ちを決して繰り返さないという固い決意を改めて表明する」と続けた。

この「歴史研究、歴史教育を通じ」何度も何度もこの問題を「胸に刻む」ことこそ、「同じ過ちを決して繰り返さない」道に通ずる、とわたしは信じる。

現世代・未来世代のための「謝罪」

「過去は死なない。過去ですらない」と指摘したのは、ウイリアム・フォークナーだった(*Requiem for a Nun*, 1951)。

先述したように「七〇年談話」で安倍首相は、「あの戦争には何ら関わりのない、私たちの子や孫、そしてその先の世代の子どもたちに、謝罪を続ける宿命を背負わせてはなりません」と述べた。そしてその個所にかかわる日本国民の支持は高かった。

しかし、その考え方は正しいのか。「河野談話」を否定しようとしている人たちの言動を検証すると、現在の日本社会には、過去の不正義を支えた差別と排除の構造が、いまだ色濃く存在しているようにわたしは感じる。

オーストラリア先住民族には「盗まれた世代(the Stolen Generation)」と呼ばれる者たちが存在する。オーストラリア連邦政府には、アボリジニやトレス海峡諸島の人々の子どもたちを、「白人文化に同化させる」目的で、親や家族から引き離し、寄宿舎や教会などで集団的に養育した過去がある。オーストラリア連邦政府のこの政策によって生じた世代のことが「盗まれた世代」と呼ばれている。

この惨い政策は、一九〇五年に始まり、七〇年代半ばまで継続されたとされる。善意でおこなったものであるのだから謝罪と賠償の必要はない、と主張する保守系政治家(たとえば、ジョン・ハーワード元首相が一例)たちも存在したが、国家としての公式謝罪が、二〇〇八年二月一三日、ケヴィン・ラッド首相(当時)によりオーストラリア連邦議会でなされた。過去におこなわれた不正義を是正するのに、遅すぎるということはない。

この世界中で注目された"Kevin Rudd 'SORRY SPEECH'"は、現在でもインターネットの動画サイトなどで見ることができる。ぜひご高覧いただきたい(https://www.youtube.com/watch?v=aKWfiFp24rA)。

しかしこの"SORRY SPEECH"で、問題が「最終的かつ不可逆的」に解決したわけでは、もちろんない。

過去におこなわれた不正義にかかわる「謝罪」は、当然被害者に向かってなされるものなのだが、現在も生き残るその不正義を支えた構造を是正する目的で、現世代・未来世代のためにおこなわれるのだから。

文献

テッサ・モーリス＝スズキ『批判的想像力のために——グローバル化時代の日本』平凡社、二〇〇二年(平凡社ライブラリー、二〇一三年)。

Anderson, David, *Histories of the Hanged: Britain's Dirty War in Kenya and the End of Empire*, London: Phoenix, 2011.

BBC, *Kenya Mau Mau memorial funded by UK unveiled*, BBC Online,12 September 2015. http://www.bbc.com/news/world-africa-34231890

Elkins, Caroline, *Imperial Reckoning: The Untold Story of Britain's Gulag in Kenya*, New York: Henry Holt, 2010.

Netherlands Temporary Court-Martial at Batavia, "Trial of Washio Awochi" (Judgement Delivered on 25 October 1946). https://www.legal-tools.org/doc/34df8e/

Touwen-Bouwsma, Ellie. "Japanse Legerprostitutie in Nedelands-Indië 1942-1945" In Oorlogsdocumentatie '40-'45 : Vijfde Jaarboek van het Rijksinstituut voor Oorlogsdocumentatie. Zutphen: Walburg Pers, 1994.

Tweede Kamer der Staten-Generaal, Gedwongen Prositutie van Nederlandse Vrouwen in Voormalig Nederlands-Indië, The Hague, 24 January 1994. http://resourcessgd.kb.nl/SGD/19931994/PDF/SGD_19931994_0006526.pdf

Yoshimi, Yoshiaki, Nishino, Rumiko and Hayashi Hirofumi, "Latest research on Japan's military sexual slavery ("comfort women")", Center for Research and Documentation on Japan's War Responsibility, 2007. http://space.geocities.jp/japanwarres/center/hodo/hodo38.pdf

第4章

官民一体の「歴史戦」のゆくえ

山口智美

男女共同参画批判と「慰安婦」否定論

二〇一二年九月、自民党総裁選で「河野談話の見直し」を公約として掲げた安倍晋三が当選し、同年一二月に首相になって以降、「慰安婦」問題への右派によるバッシングが激化した。二〇一四年四月には、『産経新聞』が「歴史戦」連載を開始。同年八月の『朝日新聞』による過去の「慰安婦」報道の検証を契機として、右派の論者や運動家、さらには『読売新聞』『産経新聞』や右派系雑誌などでの『朝日新聞』への批判や、「慰安婦」問題否定論が過熱し、政府をも巻き込んで続いてきた。

だが実は報道こそ少なかったが、「慰安婦」問題へのバッシングは以前から続いてきた動きであり、急に発生したことではない。一九九一年、韓国の金学順《キムハクスン》が元「慰安婦」として名乗り出た時から現在に至るまで、右派の運動にとって、「慰安婦」問題は中心的な位置を占め続けてきた。

文化人類学者として、フェミニズム運動の調査を行ってきた私は、二〇〇〇年代半ばから、右派へのフィールド調査に関わることになった。もとはと言えば、フェミニズム運動への右派のバッシングが激化したのが原因だ。二〇〇〇年代前半に特に活発化した、日本会議や統一教会など宗教右派を中心とした勢力からの、男女共同参画条例や性教育などに反対する動きだった。

結局、男女共同参画に関する地域での係争に焦点を当てた調査を共同研究として行い、『社会運動の戸惑い』(斉藤正美、荻上チキとの共著、勁草書房、二〇一二年)としてまとめた。

だが、その調査の中では、男女共同参画へのバッシングに焦点を当てたため、二〇〇〇年の女性国際戦犯法廷以降、同じように右派のバッシングが激しくなった「慰安婦」問題には触れないままとなってしまった。フェミニズムの中で、男女共同参画を中心に扱う層と、「慰安婦」問題に関わっていた層とが分かれていたことも一つの原因だったが、私自身「専門的にやってくれてる人たちがいるからいいや」と調査の中では触れないままになっていた。だが、明らかに、当時のフェミニズムへのバックラッシュには、男女共同参画や性教育のみならず、「慰安婦」問題も含まれており、それらが増幅していた動きだったのではないかと思う。

二〇一〇年頃からは、「在日特権を許さない市民の会」(在特会)や「主権回復を目指す会」などの排外主義運動に焦点を当てた共同研究も開始した。そして、街宣やデモの取材に行くと、「慰安婦」問題が頻繁に取り上げられていることに気づいた。元朝日記者の「植村隆」という名前が彼らの街宣などでプラカードに書かれていたのも、この頃に気づいた。「慰安婦」問題は、排外主義運動の調査を行う上で外せないのではないかと思い始めた。

そして二〇一二年一二月、まさかの安倍政権の復活。河野談話の見直し議論など、「慰安婦」問題にさらなる注目が集まっていくとともに、在特会などの排外主義運動のみならず、男女共同参画批判に関して私が注目してきた、高橋史朗(明星大学教授、当時。以下同)、中西輝政(京都大学名誉教授)、岡本明子(ジャーナリスト)らの論者や、日本会議、日本政策研究センターなどの主流保守団体が中心的に「慰安婦」問題にも深く関わっていたのがわかった。在特会、主権回復を目指す会などの団体もより熱心に「慰安婦」問題に関するデモや街宣などを行うようになるとともに、在特会の元事務局長の山本優美子が代表を務める「なでしこアクション」など、「慰安婦」問題に特化した新しい団体も立ち上げられていった。

二〇一二年頃からは、アメリカにおける「慰安婦」像や碑の建設に注目が集まるようになった。二〇一三年一月、私が山本優美子のもとへ取材に行ったところ、在特会について聞きたかった当時の私の狙いとは裏腹に、むしろアメリカにおける「慰安婦」碑問題についてたくさん語られた。そして二〇一四年頃から、保守系の集会や勉強会などに出ると、私が住むアメリカが「主戦場」と言われるようになっていた。在米の学者が右派の主要な情報戦のターゲットだとも聞いた。どうしたらアメリカで「慰安婦」問題を「正しく」伝えられる学術書が出版できるのか、と右派の人に聞かれたこともあった。また、街宣などの取材に行くと、私がアメリカから来たということで「(「慰安婦」像が建っているために)日本人へのいじめが大変なんじゃないですか」などと問われることが度々あった。アメリカでは、私と同じような在米日本人や戦後に移民した「新一世」の人たちが、「慰安婦」否定論の立場として、運動に関わったり、ネットでの発信活動を行ったりしていた。いつの間にか、「慰安婦」問題は、フェミニストとしても、人類学者としても、在米日本人としても、自身の状況から切り離せない問題になっていたのだ。

本章では、「慰安婦」問題を中心とした、歴史修正主義と右派の流れを一九九〇年代から概観し、顕著な特色を浮き彫りにしたい。第一に、日本会議などの主流の保守運動から、在特会などの排外主義運動に至るまで、ほかの問題については対立の立場をとることさえあった様々な右派系運動が、少なくとも二〇一五年末の「日韓合意」の前までは、「慰安婦」問題に関しては共通の立場を持ち、つながって動いてきたこと、そうした動きに現首相の安倍晋三を始めとした、現政権の中心をなす政治家らが積極的に関わってきたこと、第二に、「慰安婦」問題をめぐる「主戦場」としてアメリカや国連が掲げられ、在米日本人や日本政府までもが絡んだ動きが活発化していることである。最後に「日韓合意」の後の右派や日本政府の動きについても言及する。

一九九〇年代の歴史修正主義と「慰安婦」否定論

一九九一年八月、金学順が元「慰安婦」として初めて名乗り出て以来、日本の右派にとって「慰安婦」問題は、ずっと重要な問題であり続けた。特にその年に元「慰安婦」らが提起した日本政府への訴訟、および翌九二年一月、宮澤喜一首相が訪韓の際にお詫びと反省を述べたことに対して、右派は強く反発。右派系オピニオン誌の『文藝春秋』を始め、保守系シンクタンクの「日本政策研究センター」発行の『明日への選択』などの右派系ミニコミ媒体に「慰安婦」問題への批判記事が掲載された(1)。

一九九三年八月、河野洋平官房長官による「河野談話」が発表された。慰安所の設置についての軍の関与や、慰安婦募集の強制性を認めたものだとして右派は「河野談話」を強く批判。それ以降、右派にとっては、「河野談話」の見直しが大きなテーマとなった。

だが、「慰安婦」問題への攻撃がより顕著になり、マスコミなどでも大きく取り上げられるようになったのは、一九九〇年代半ばのことだ。九六年六月に文部省による教科書検定の結果が公表され、すべての中学校の歴史教科書への「慰安婦」記述の掲載が明らかになったことへの右派の危機感がきっかけとなった。

一九九五年一月、東京大学教授だった藤岡信勝が中心となって「自由主義史観研究会」を設立し、八月の第一回全国大会で、「従軍慰安婦を中学校の教科書から削除する」ことを求める決議を行った。一九九六年末には、藤岡信勝、西尾幹二（電気通信大学教授）、高橋史朗らが中心となり、「新しい歴史教科書をつくる会」が誕生する。同会機関誌『史』の二〇一三年九月号に掲載された座談会「「つくる会」の歩みを振り返る」では、「「従軍慰安婦」問題が運動の原点」という見出しとともに、中学歴史教科書への「慰安婦」問題の掲載がきっかけとなり、藤岡と高橋、西尾らで「つくる会」を立ち上げた経緯が語られている(2)。その初期メンバーには、阿川佐和子、林真理子、小林よしのりらの著名人も含まれていたこともあり、同会の立ち上げは広く注目された。また、小林は、一九九七年から『新・ゴーマニズム宣言』（小学館）など、自らの漫画作品において「慰安婦」問題を扱うようになり、一九九八年には『新・ゴーマニズム宣言SPECIAL 戦争論』（小学館）を出版。こうしたマスコミを使った広がりと、教科書採択のための草の根の動きも重なり、右派の運動に新たな層が参入し、裾野が広がった。

一方、政治の世界では、一九九七年二月に「日本の前途と歴史教育を考える若手議員の会」（通称「教科書議連」）が設立された。同会もまた、中学歴史教科書における「慰安婦」の記述への疑問から発足したもので、設立時の代表を中川昭一、事務局長を安倍晋三、幹事長を衛《え》藤《とう》晟《せい》一《いち》の各議員が務めた。安倍、衛藤に加え、同会に委員として立ち上げ時から参加していた菅義偉、高市早苗らの議員は、二〇一六年五月現在、第三次安倍内閣の中で要職を占めている。

そして、一九九七年五月には、「日本を守る国民会議」と「日本を守る会」が合併し、日本最大の保守団体「日本会議」が結成され、「日本会議国会議員懇談会」も同時に組織された。日本会議は改憲を最大の目標に掲げる団体だが、前身の「日本を守る国民会議」時代から、高校教科書『新編日本史』を出すなど、歴史認識問題を重視してきた。同年一一月に開かれた初めての「日本会議中央大会」においても、中川昭一議員が「「従軍慰安婦」「強制連行」は虚構だ」というスピーチを行い、「河野談話」撤回などを主張、藤岡信勝も「子供たちに誇りある歴史を伝えよう」と、「つくる会」の運動方針に言及している。(3) 日本会議の機関誌『日本の息吹』一九九八年一月号で坂本多加雄(学習院大学教授)が「憲法改正の議論は正当な歴史解釈と切り離せない」と書いたように、改憲と歴史認識は日本会議にとっての車の両輪だと言えるだろう。

一九九九年、秦郁彦(日本大学教授)の『慰安婦と戦場の性』(新潮選書)が出版された。この書籍は右派論者や運動家らに広く読まれ、現在に至っても、右派の「慰安婦」論に関する数少ない学術書という位置付けになっている。筆者が会った右派系運動家らも、「慰安婦」問題にこだわりを持つ人々は、この本を重要文献だとして言及することが多かった。

このように現在にもつながる「慰安婦」否定論のソースが、この時期にはほぼ出揃った状況になった。

歴史修正主義の海外への展開とネットの活用

二〇〇〇年一二月、「女性国際戦犯法廷」(4) が東京で開催された。海外からの取材も多く、ネットを通じて海外にも広く配信され、のちにはDVDも日英両語で販売されるなど、後世にも大きな影響を持った「法廷」だったが、右翼の街宣車が会場に押し寄せるなど、妨害行為も目立った(5)。さらに、安倍晋三、中川昭一両議員が、同法廷についてのNHKの番組に圧力をかけ、番組内容が改変されるという事件も起きた(6)。法廷開催に大きな役割を果たした松井やより(元『朝日新聞』記者)など、「慰安婦」支援運動に関わる運動家への右派のバッシングも強まった。

さらにこの頃には、一九九七年にアイリス・チャンの書籍がアメリカで発売され、話題になったことなどが影響し、南京大虐殺に関する歴史修正主義の動きが活発になっていた(第1章参照)。こうした中で、南京大虐殺に関する英語の書籍が発行された。例えば二〇〇〇年には、竹本忠雄・大原康男著、日本会議国際広報委員会編『日英バイリンガル　再審「南京大虐殺」——世界に訴える日本の冤罪』(明成社)という日英対訳本が刊行された。私の手元にあるのは、〇七年発行の第六刷だが、帯には「小林よしのりさん『戦争論2』で大推薦！　今後海外に留学居住する人にはこの本は必携である」「アメリカを舞台とする反日宣伝に大打撃！」などと書かれている。同じ二〇〇〇年には、Tanaka Masaaki, *What Really Happened in Nanking: The Refutation of a Common Myth*(世界出版)という南京大虐殺否定論の書籍が、現在「史実を世界に発信する会」の事務局長を務める茂木弘道が経営する世界出版から発行された。版元サイトによれば、この本は、「『南京事件の総括』(田中正明著)の中心部分である「一五の論拠」に、ニセ写真説明と朝日新聞の事件当時の特集組み写真とを加えて、南京事件の真相をコンパクトに示した英文書」だという(7)。そして翌〇一年には、この本を北米のアジア研究の研究者らに一方的に送付してきたことがアジア研究のメーリングリスト

H-Asia上で話題になった。書籍は相当数の中国研究、日本研究などの研究者に送られたようだった。

二〇〇六年九月、第一次安倍政権が発足した。この年には中学校の歴史教科書から「慰安婦」に関する記述が一斉に消え、一二月には「日本の前途と歴史教育を考える議員の会」が活動を再開した。そして翌〇七年三月には安倍首相が、「慰安婦」の強制性を否定する発言を行い、アメリカのメディアで大きな反発を呼んだ。[8] さらに、六月一四日には、右派の知識人らが『ワシントンポスト』に「The Facts」と題する意見広告を掲載。これが逆風に働き、七月三〇日には、アメリカ下院で日本政府に「慰安婦」問題について謝罪を求める一二一号決議が可決された。

安倍政権やアメリカ下院決議の影響で、産経系の媒体など、右派系メディアでは、「慰安婦」問題関係記事が増加した。西岡力『よくわかる慰安婦問題』(草思社、二〇〇七年)など、右派による「慰安婦」問題の書籍もこのころ多数出版された。[9]

このアメリカ下院決議が右派の危機感を煽り、南京事件関係ですでにある程度は存在していた右派勢力の間のアメリカへの関心が高まってきた。さらには、彼らが左派に牛耳られていると見る、国連に関しても関心が高まることになった。

そうした中で、右派団体の国際舞台への進出の走りとなったのが、二〇〇七年四月に、「日本会議首都圏地方議員懇談会」のメンバーらを中心として設立された、ＮＰＯ法人「家族の絆を守る会ＦＡＶＳ」である。古賀俊昭都議が理事長を務め、発足集会では古屋圭司、西川京子、萩生《はぎう》田《だ》光一《こういち》、稲田朋美ら衆議院議員が来賓として挨拶を行っている。発足集会を報告するブログ記事によれば、「民法七七二条の三〇〇日規定見直し問題で、家族の絆や一夫一婦制を解体するグループの介在」

が指摘され、「家族擁護のネットワークを形成していくことへの期待が表明されました」という。[10]同会の事務局長をつとめた岡本明子によれば「国連に関与するために家族の絆を守る会を結成」したのだという。[11]

ＦＡＶＳの事務局は、当初は日本会議の住所に置かれた。その後の同会のネットなどでの発信や活動からすれば、実質の中心は、日本会議をベースとして活動をしてきた岡本明子だった。岡本は夫婦別姓や男女共同参画への反対運動でも中心的な役割を果たし、ネット上でもサイトや掲示板を運営するなどして、存在感を示していた。ＦＡＶＳは結成直後から、プロライフ（人工妊娠中絶反対）やファミリーバリュー（家族の価値）を重視する保守系団体が所属する「世界家族会議」に参加し、国際的なネットワーク構築に努めるとともに、国連活動を行い始め、女性差別撤廃委員会の審査の場にもＮＧＯとして参加するようになった。また、二〇〇七年には外務省主催の「人種差別撤廃条約に関する意見交換会」への参加を求め実現させ、さらに独自で外務省との意見交換会を開催するなどもしてきた。この日本会議系のネットワークから出発したＦＡＶＳが積み重ねた国連活動は、その後の「慰安婦」問題の展開においても、重要な役割を果たしていくことになる。

二〇〇八年から「史実を世界に発信する会」（加瀬英明代表、茂木弘道事務局長）は、「反日プロパガンダ」に対抗するとして、メールマガジンやウェブサイトなどの手段で、英文での発信を行い始めた。同会による第一号のメルマガのテーマは、西岡力『よくわかる慰安婦問題』の部分的な英訳だったことからも、二〇〇七年のアメリカ下院での「慰安婦」決議があったために、英文メルマガ発信を開始したのだろうと考えられる。同会は日本研究関係者のリストを手に入れたようで、当時大学院生の私にも、頼んでいないにもかかわらず、同会のメルマガが届くようになった。この件に関しては、宛先リストの元になったと疑われたAssociation for Asian Studies（アジア研究学会）が、この歴史修正主義団体の「不快なメール」とは無関係であると、日本研究のメーリングリストであるH-Japanで声明を出している。[12]

この「史実を世界に発信する会」のメールは、今でも頻繁に届いており、二〇一五年五月五日に北米の日本研究学者らが中心となって発表した「日本の歴史家を支持する声明」[13]に署名をしたことで新たに届き始めたという人もいるようだ。また、「史実を世界に発信する会」からは、私にも加瀬英明やケント・ギルバートなどの書籍が送られてきたことが何度かあるし、他にも送られてきた人たちがいるという話を聞いている。

こうした海外ターゲットの発信に加えて、二〇〇〇年代中盤はネット上での動画共有サービスが広がった時代でもあり、それをいち早く活用したのも右派だった。〇四年、衛星テレビ制作会社の「日本文化チャンネル桜」（水島総代表）が発足し、〇七年からネット発信を開始。さらに、ユーチューブやニコニコ動画・生放送などのサービスも広がり、「2ちゃんねる」などの掲示板や、ｍｉｘｉなどのＳＮＳも合わせ、ネット媒体を通じて、政治家や右派論者らが発信する「慰安婦」否定論がより広まっていった。

そして、安倍政権の発足の頃に、ネットを積極的に活用して発信する「ネット右翼」と呼ばれる層から、排外主義を基調とする新たな運動体も生まれた。二〇〇六年七月に「主権回復を目指す会」が、一二月には在特会が発足。この後もさまざまな団体が生まれた。これらの団体は、「市民運動」を名乗ることで既存の街宣右翼と区別しつつも、日本会議などの主流保守運動よりも、街宣やデモなどの街頭行動を重視した。そして、街頭行動や集会などをネットの動画で放送することでメッセージを広げ、新たな会員や支持者層を獲得していった。こうした運動の広がりとともに、「慰安婦」批判言説もネットを通じてより拡大していった。

二〇〇九年七月、民主党政権が誕生した。この民主党政権への危機感をバネにこれらの運動体はより活発に街頭などでの活動を展開するようになった。同年八月には、主権回復を目指す会、在特会などが、東京・三鷹で開催された「中学生のための「慰安婦」パネル展」への抗議行動を行った。さらに在特会は「慰安婦フェスティバル二〇〇九 三鷹」という集会も開催。この抗議行動をきっかけとして、女性団体「そよ風」(涼風由喜子代表)が結成され、「慰安婦」問題について、女性が前面に出て活動する流れの先鞭をつけた。

二〇一〇年には、「日本文化チャンネル桜」が母体になり、田母神《たもがみ》俊雄(元航空自衛隊幕僚長)、水島総(「日本文化チャンネル桜」代表取締役社長)らが中心となって新たな運動体「頑張れ日本! 全国行動委員会」が結成された。「頑張れ日本!」にとっても歴史認識問題は重要な運動課題であり、デモ、街宣、ポスティングなどを行い、右派の運動に新たな年配層の参加を促すことになった。

そして、一一年には、在特会の副会長や事務局長を務めてきた山本優美子(在特会時代は「桜ゆみこ」名)が、「慰安婦」問題に特化した運動体「なでしこアクション」を立ち上げた。同団体のサイトによれば、「女性中心の有志のネットワーク」として「慰安婦問題を私達の世代で終わらせよう」と結成したのだという。同年三月、日本政府に対して「慰安婦への謝罪と賠償」を求める意見書を提出していた地方議会に対して、質問状を提出したのが最初の主な活動だった。同年一二月には、「慰安婦」支援団体が水曜デモ一〇〇〇回を記念するアクションを外務省前で開催したのに対し、抗議行動と集会を開催した。[14] 一二年一月に山本は在特会事務局長を退任。その後は、「慰安婦」問題に特化した活動を本格化させていった。同年一一月六日には、衆議院解散の前週に「慰安婦問題を糺し毅然とした国の対応を求める意見交換会〜強制連行も性奴隷も事実無根　慰安婦問題に真実を！」と題した院内集会を開催。山谷えり子、稲田朋美、衛藤晟一など、一一人の国会議員（うち自民党八人）、国会議員秘書六名（全員自民党）が参加している。在特会時代と異なり、「なでしこアクション」では街頭活動ではなく、ロビイングや集会の開催、さらには後述する国連活動など、政治とつながる動きを重視して展開しているが、ネット発信は熱心に行い続けている。

一般的には激しいヘイトスピーチで知られる在特会などの排外主義勢力だが、「河野談話」の撤廃、強制連行の否定、『朝日新聞』批判などのその主張は、日本会議などの主流保守運動や自民党の政治家らのものと変わらない。秦郁彦や西岡力による書籍、小林よしのりの漫画、右派系論者による産経系の媒体や右派系オピニオン誌での記事などの内容が、ネットで拡散し、行動保守の街宣やデモなどでさらに広がり、それがネットでさらに広がる、といったパターンだった。

主戦場＝アメリカ論の始まりと第二次安倍政権

二〇一二年頃から、右派の間で「慰安婦」問題の主戦場はアメリカだという主張が広く見られるようになった。〇七年のアメリカ下院決議以降、アメリカへの関心は高まったとはいえ、一二年以降に広がる主戦場＝アメリカの直接のきっかけとなったのは、二〇一〇年にニュージャージー州パリセイズパーク市の図書館前に「慰安婦」碑が設置されたことだった。これについて、『正論』の一二年五月号に、ＦＡＶＳの岡本明子が「米国の邦人子弟がイジメ被害　韓国の慰安婦反日宣伝が蔓延する構図」という論文を発表した。[15]「慰安婦碑」に着目し「在米日本人のイジメ被害」を訴える論考が、右派界隈で影響力を持つマスコミ媒体『正論』に掲載されたことで、この説が拡散し始めた。

さらに、「なでしこアクション」の山本優美子が右派の在米日本人と連携をとりつつ、アメリカにおける「慰安婦」の碑、像、展示や決議などに反対する運動を積極的に呼びかけていった。

二〇一二年一二月、民主党政権時代が終焉し、安倍晋三が内閣総理大臣に返り咲いた。前述のように安倍は自民党の総裁選では「河野談話見直し」を主張し、直前の一一月に、日本の右派系知識人らが中心の「歴史事実委員会」が、パリセイズパークがあるニュージャージー州の地方紙に掲載した「慰安婦」批判の意見広告“Yes, we remember the facts.”に賛同している（図4-1）。この安倍就任を機に、「河野談話」見直し議論など、「慰安婦」問題をめぐる歴史修正主義の動きが再び顕在化していく。さらに一三年五月、橋下徹大阪市長が「慰安婦」制度は必要だった、沖縄の在日米軍はもっと風俗業を活用すべきなどと発言。これに対して海外からの批判が噴出したことで、日本のマスコミにも取り上げられ、「慰安婦」問題が注目を集めることになった。そして元「慰安婦」が来日しての集会や、元「慰安婦」支援のデモも活発に開かれる一方、それらへのカウンター行動などを在特会などが行っていった。

アメリカを「主戦場」と右派が捉える中で、特に注目を集めることになったのが、ロサンゼルス近郊にある、カリフォルニア州グレンデール市での「慰安婦」少女像設置だった。二〇一三年七月九日、グレンデール市で開催された公聴会は、在米日本人や「新一世」の市民が集まり、日本の右派の間でも注目を集めた。結果、「慰安婦」少女像が設置されたが、その像は今に至るまで、アメリカにおける「歴史戦」を象徴する役割を果たしている。そして、一四年二月、目良浩一らがグレンデール市に設置された「慰安婦」像の撤去を求めてロサンゼルスの連邦地方裁判所で訴えを起こす二週間前に「歴史の真実を求める世界連合会」(GAHT)を設立。グレンデール市を相手取って裁判を進めるとともに、日本やロサンゼルス近郊、および他のアメリカの都市でも集会を度々開催し、ウェブサイトや地元の日系新聞なども使って発信を続けている。

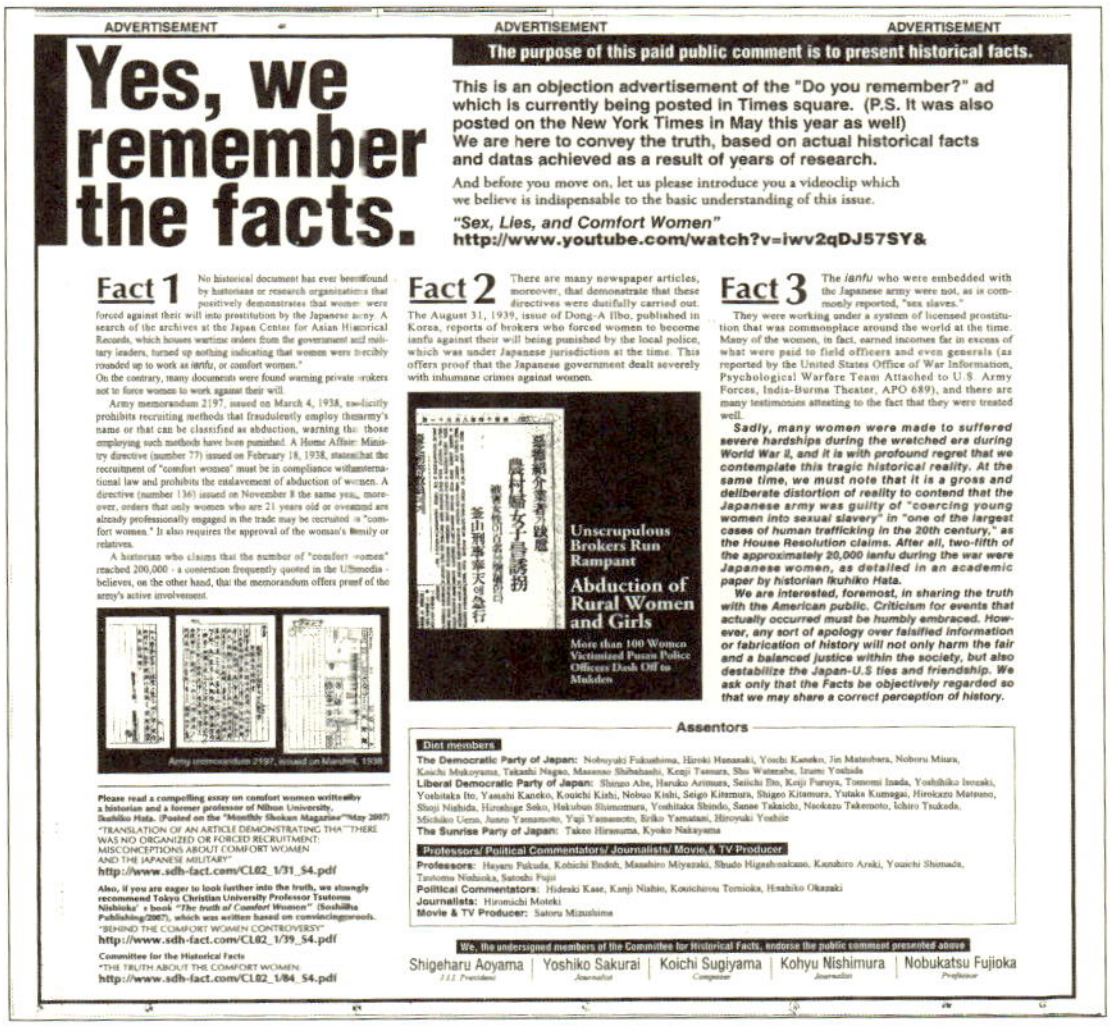

図 4-1　右派「歴史事実委員会」が、米ニュージャージー州の地方紙に掲載した「慰安婦」批判の意見広告(2012年11月).

こうした右派の在米日本人と連携しつつ、「なでしこアクション」は、グレンデールを始め、同じ南カリフォルニアのフラトン、デトロイト近郊のサウスフィールド、カナダのバーナビーなど様々な地での「慰安婦」碑や像、アメリカの博物館での「慰安婦」展示などへの反対運動を展開してきた（詳細は第2章を参照）。

二〇一四年三月、オーストラリアのシドニーで「慰安婦」像設置の動きがあると『産経新聞』が報道[16]。同様の動きが起きた近郊のストラスフィールドでは四月一日に公聴会が開催された。なでしこアクションは早速、シドニーとストラスフィールドに抗議メール送付を呼びかけた。オーストラリア在住（当時）の山岡鉄秀ら在豪日本人らは「Japan Community Network」（JCN）という団体を立ち上げ、反対運動に関わった。「我々は、地元の日本人の母親と子供たちを護るために立ち上がった」と山岡は書く[17]。結局、ストラスフィールドでは「慰安婦」像設置は否決され、山岡らJCNの運動は「成功事例」として、日本の右派系媒体などで広げられることになった。

このように、アメリカの各地のみならず、カナダ、オーストラリアなどでも「慰安婦」像や碑の建設をめぐっては、その建設による在外日本人への被害を強調して反対をするという方法がとられている。典型的なのは「いじめ」被害の強調だ。子どもへのいじめ、そしてそれと闘わねばならない母親、という図式であり、「母親と子どもたちを守る」ことが打ち出される。そして、女性たちが前面に出て、「女性の人権問題」としての「慰安婦」問題を否定するという戦略もとられている。このようにして、日本在住のみならず、海外在住の女性たちも新たに運動に参入してきたという状況になっている[18]。

日本では、「慰安婦」問題に取り組む運動体の連絡会的組織として、「「慰安婦の真実」国民運動」が二〇一三年七月二九日に結成された。代表は「新しい歴史教科書をつくる会」の顧問で、日本会議の代表委員でもある加瀬英明。加盟団体は「なでしこアクション」「そよ風」などの行動保守系団体や、パネル制作団体、さらには幸福の科学系の「論破プロジェクト」まで幅広いが、「つくる会」に事務局が置かれていることからも、同会を中心としたネットワークであることがわかる。教科書採択運動では苦戦続きの「つくる会」だが、その分「慰安婦」問題へのこだわりをより強く打ち出して活動を展開している。この「「慰安婦の真実」国民運動」は、河野談話撤回要請に加え、「主戦場」であるアメリカでの「慰安婦」碑や像の建設などの動きに立ち向かうことを目的として掲げた(19)。

二〇一四年一月、「論破プロジェクト」が、フランスでのアングレーム国際漫画祭への参加を計画し、「慰安婦」を否定する内容の展示を行おうとしたが、中止に追い込まれた。この件をきっかけに、「論破プロジェクト」およびそれを後援した幸福実現党や幸福の科学の「慰安婦」問題への、特に海外での関わりが目立つようになった。

さらに、このアングレーム国際漫画祭をきっかけとして、「慰安婦」問題への関わりを強めたのが、ユーチューブでの発信で日本のネット右翼層に人気を博していたアメリカ人「テキサス親父」ことトニー・マラーノである。二〇一一年五月に初来日し、そのために、同年一一月に、「テキサス親父日本事務局」(藤木俊一事務局長)も結成された。当初はクジラ・イルカ漁問題を中心として発信していたマラーノだが、「慰安婦」問題にも言及するようになり、ジュネーブでの国連関連会議の視察に出かけたり、ニューヨークでの集会などにも参加するなど、海外での発信役をこなしながら、国内右派メディア向けの発信をも担っている。

他にも、日本の右派を支持する内容の発言や執筆活動を行う、ジャーナリストのヘンリー・ストークス、タレント・弁護士のケント・ギルバート、ライターのマイケル・ヨン、アメリカの大学院生のジェイソン・モーガンなどの英米人白人男性らが右派の広報役を担っている。さらに、ホテル産業のアパグループが主催する二〇一五年度の「ＡＰＡ真の現代史観」論文大賞はケント・ギルバートに、フジサンケイグループが主催する「正論大賞」が、ヴァンダービルト大学のジェームズ・アワーに贈呈されるなど、賞や助成を通じて海外の学者や知識人を自陣営に引き入れ、広報役を果たさせようとしているのだろう。

自民党・日本政府と「歴史戦」

二〇一四年頃から、在米や在豪の日本大使館や領事館のウェブサイトに、「歴史問題に端を発する邦人の方の被害に関する情報提供について――いわゆる歴史問題を背景とした、いやがらせ、暴言等の被害に遭われた方、具体的な被害情報をお持ちの方は、下記までご連絡・ご相談ください。プライバシー、個人情報の保護に適切に配慮の上、当地関係機関への情報提供支援など対応いたします」という趣旨の掲示が出されている。外務省によれば、一四年二月頃から、こういう掲示が「米国の一部の地域で慰安婦の少女像や記念碑が設置されている動きへの対応」として出されるようになったという。だが、『東京新聞』の取材に対し、一四年八月時点で、外務省は具体的な被害は把握していないとしている[20]。

外務省は度々、日本の右派から、国際広報活動や反論が弱いと批判を浴びてきた。そうした中で

「慰安婦」像などの歴史問題に関して、前記のような掲示を出したり、ロサンゼルスやニューヨークなどの総領事が地元紙に投書して日本の立場を述べるなどの動きがこの頃から目立ち始めた。

また、外務省は、米主要紙の特派員が「慰安婦」問題について書いた記事に対して、引用した識者が不適切だと批判する電子メールを送るなどしたこともわかった(21)。さらに、筆者の取材では、外国特派員らに対し、外務省が秦郁彦や大沼保昭（明治大学特任教授）など、特定の学者・知識人を推薦していたこともわかっている。

二〇一五年一月には、日本政府が前年一二月に、米マグロウヒル社の世界史教科書の著者と出版社に対して、「慰安婦」に関する記述を変更するように求めてきたことが、同社が公表したことで明らかになった。教科書の著者である、ハワイ大学教授のハーバート・ジーグラーのオフィスに領事館の職員らが訪問し、記述を変えるように要求していたこともわかった(22)。

海外の「慰安婦」像や碑の設立に関する係争も続行しており、日本政府もそうした係争への関わりをもはや隠そうともしていない。GAHTのグレンデール訴訟も、裁判は負け続けているが、日本向けの発信、集会などは積極的に行われている。二〇一五年一〇月一日に東京で開催されたGAHTの集会は産経新聞社の後援を受け、『産経新聞』の阿比留瑠比《あびるるい》記者が登壇した。また、『産経新聞』紙上でのカンパ募集もなされるなど、両者の関係の近さも伺われる。

一〇月二日には、自民党が、「中国や韓国による第三国での反日宣伝に対抗する」として二〇一四年三月に発足させた国際情報検討委員会の委員長を務める原田義昭・元文部科学副大臣は、同委員会の直後、記者に対して「南京大虐殺や慰安婦の存在自体を我が国はいまや否定しようとしている」と述べたと報道された[23]。この日の同委員会の講師は、つくる会会長の杉原誠四郎と、高橋史朗だった[24]。

カリフォルニア州フラトン市、オーストラリアのストラスフィールド市などでは、「慰安婦」像の建設が見送られた。右派がこれを「勝利」とみなす中で、二〇一五年九月、サンフランシスコ市での「慰安婦」メモリアルの建設が全会一致で可決された（第2章参照）。NHKの報道によれば、菅義偉官房長官は記者会見において、サンフランシスコの「決議は日本政府の考え方や、これまでの取り組みと相いれない内容を含んでおり、極めて残念だ。慰安婦問題を、政治問題、外交問題化させるべきではない」「政府としては、客観的事実に基づく正しい歴史認識が継承されるよう、引き続き戦略的な発信を強化していきたい。関係者の理解を得て、動きが収まるという例も過去に複数あり、これからも粘り強く関係者に実態を理解して頂くよう努めていきたい」と述べたという[25]。「政治問題化すべきではない」と言いつつ、政府は関係者に働きかけてきたし今後もそうするつもりだという、矛盾に満ちた発言だった。

朝日バッシング

『朝日新聞』の「検証」報道以降、「頑張れ日本！」や「主権回復を目指す会」など複数の右派団体が、朝日新聞社前で定期的に街宣を行うようになった。また、『朝日新聞』問題や「慰安婦」問題を扱う右派の集会なども多く開催されるようになった。こうしたバッシングをへて、「主戦場＝アメリカ」説はさらに強まった。日本では「慰安婦」問題に関しては、論争としても運動としても勝ったという認識が右派の間に広がったからである。そして、アメリカに「誤報」を広めた主体として、朝日がより批判されるようになった。特に、二〇一四年八月の朝日「検証」報道で、記事に問題はないと結論づけられたにもかかわらず、一九九一年に金学順が「慰安婦」として名乗り出たことを記事として書いた植村隆・元『朝日新聞』記者へのバッシングは激化し、植村が勤務していた北星学園大学や、植村の家族への脅迫事件も起きた。

「頑張れ日本　」による『朝日新聞』抗議の立て看板（筆者撮影）.

こうしたバッシングの中で、植村の記事のためにアメリカに「慰安婦」像ができ、日本人の子どもがいじめられている、などの事実無根の攻撃までも受けることになってしまった。植村は二〇一五年、『週刊文春』をはじめとした数々の書籍や記事などで植村の記事を「捏造」と言及してきた西岡力、および株式会社文藝春秋（『週刊文春』記事に関して）を東京地裁に、同様に植村が「捏造記事」を書いたと雑誌やインターネットなどで発言したジャーナリストの櫻井よしこ、および三出版社を札幌地裁に提訴し、現在係争中である。

右派団体の中でも政権に近い、日本会議、日本政策研究センター、「国家基本問題研究所」（櫻井よしこ代表）などの保守団体は、朝日問題に関して集会を開催し、機関誌などで『朝日新聞』批判の論調を強めていった。とくに日本政策研究センターは、朝日新聞社が「第三者検証委員会」の報告書を出した後、「独立検証委員会」を組織して批判の報告を出すなど、積極的な動きが目立つ。

二〇一五年に入り、右派による『朝日新聞』相手の裁判が三件提訴された。一月二六日に、最初に提訴したのが、「頑張れ日本！」が中心になり一四年一〇月に設立した「朝日新聞を糺す国民会議」。大規模な集会を開催し、二万五〇〇〇人の原告を集め「史上最大」をうたう。集会の登壇者を見ると、次世代の党の議員、「チャンネル桜」「頑張れ日本！」「「慰安婦の真実」国民運動」などが連なっている。「国民運動」として裁判を進めていくと提訴時の集会などで述べていたが、後述するように、一六年三月一七日、三回目の口頭弁論をもって、東京地裁で裁判官から審理終了が申し渡され、突然結審した。

二〇一五年二月九日には、「朝日新聞を正す会」という別団体が朝日新聞社相手に訴訟を起こした。原告数は二〇一五年一〇月段階で、四八五人。読者らの「知る権利」を打ち出した裁判方針をとり、既存の右派系団体とのつながりは見えづらい。筆者が原告代表の佐藤昇に取材したところでは、自身は「右でも左でもない」が、年配者に頼まれて代表を務めているのだという。

そして同年二月一八日に提訴を行ったのが、日本会議などが中心になってバックアップしている「朝日グレンデール裁判」だ。「朝日新聞の「従軍慰安婦」虚報が誤導した「性奴隷」の国際世論によって貶められた日本人（日系人）の名誉と尊厳を回復することを目的」[26]とし、ロサンゼルス近郊に住む馬場信浩ら在米日本人を原告の中心として据え、二一〇〇人余りが、朝日新聞社による米紙への英文謝罪広告の掲載などを求め、提訴した。第二次訴訟では、四六名のロサンゼルス近郊在住の在米日本人が原告として加わっている。百地章《ももちあきら》(日本大学教授)、高橋史朗、勝岡寛次(明星大学・戦後教育史研究センター専任研究員)ら、日本会議系の学者らが表立って支援もしている裁判だ。この「朝日グレンデール裁判」は、もともとは、「朝日新聞を糺す国民会議」と一緒に裁判を闘う予定だったのが、途中で分裂した。原告代理人の徳永信一弁護士によれば、「国民運動」として進めたいのと、裁判そのものを闘いたいという方針の違いだともいうが、複雑な状況だったことも伺える。また、アメリカでのGAHTの裁判とも距離を置いているようでもあった。

公判が何度か行われてきた、「朝日新聞を糾す国民会議」と「朝日グレンデール裁判」双方ともに、海外への影響や、在外日本人の被害が焦点となっている。「朝日新聞を糾す国民会議」は、第一回の口頭弁論では在米日本人二人、第二回では在豪日本人二人が意見陳述を行い、『朝日新聞』報道による「実害」を主張している。さらに、第四回口頭弁論では原告側弁護士が「次回からは、海外における『朝日新聞』の英語報道がいかに悪影響を及ぼし、在外邦人達を苦しめているかを立証する」と述べたと報告されているが、突然の結審となった。(27)「朝日グレンデール裁判」では、とくに朝日新聞社の第三者検証委員会の報告に対抗する、保守系学者らによる独立検証委員会の報告書の主張が中心となっている。『朝日新聞』の「プロパガンダ」がアメリカや国連に影響したという議論に基づき、朝日の「誤報」による在米日本人への「具体的な被害事例」を明らかにするのだと原告側の高橋史朗は述べる。(28)日本会議による全面バックアップを受けて、在米日本人らを原告の中心に据えているこの裁判は「慰安婦」問題をめぐる「歴史戦」の大きな現場と考えるべきだろう。

外国の研究者やジャーナリストへのバッシング

日本政府や外務省の「慰安婦」問題に関する動きに対して、二〇一五年三月、歴史教科書に対する日本政府からの不当な介入を批判し、日本の歴史家と連帯する声明を、一九人のアメリカの歴史家たちが連名で発表した[29]。そして五月五日付で、海外の日本研究の学者ら一八七名(のちに四五七名)による「日本の歴史家を支持する声明」が公開された(第2章参照)。

右派の研究者らは一九人の歴史学研究者による声明に対して、同年三月一七日に、秦郁彦ら「一九人の日本人歴史家有志」による「McGraw-Hill社への訂正勧告」を発表。また、五月の四五七人の声明に対して、八月六日付で、渡辺利夫(東京工業大学名誉教授)、秦郁彦、藤岡信勝、高橋史朗、八木秀次(麗澤大学教授)など一一〇名の学者らが、「慰安婦に関する米学者声明への日本の学者からの返答」と題する声明を発表した。さらに、一〇月一日には、加瀬英明代表名で「「慰安婦の真実」国民運動」からの、「日本の歴史家を支持する声明」反対声明も発表された。普段は対立する学者らまで多数が署名した八月の声明は比較的ソフトなトーンだが、「「慰安婦の真実」国民運動」の声明は、「日本の歴史家を支持する声明」を「日本へのヘイトスピーチ」と断罪するなど、批判声明であることは同じでも、スタンスの幅はある。このほかにも複数の右派の個人やグループによる、「日本の歴史家を支持する声明」への批判声明は、メールなどの手段で筆者を含む海外の日本研究の学者らに届いている。

こうした声明が多数出される中で、アメリカ発の声明の中心となった学者らには、日本からと思われる嫌がらせや脅迫が届くなどの事例も起きるようになった。特に、二〇一五年三月の、一九人のアメリカの歴史家たちの声明や、五月の「日本の歴史家を支持する声明」両方において中心的な役割を果たしたコネチカット大学教授のアレクシス・ダデンへのバッシングは激しいものとなった。ダデンによれば「二〇一五年の二月から、私はEメールと郵便で、繰り返し「恐喝」と殺人の脅しを受けるようになった。それは、一ヶ月あたり約四〇通の「ヘイト」メッセージと、約一～二通の私に対する暴力の脅しから成っていた。」と書く。(30)

また、日本在住でイギリスの『エコノミスト』などの記者デイビッド・マクニールも、「売国奴」「この国から去れ」などの暴言をネット上で受けることが多く、他の外国特派員たちもこうした「トロール」(荒らし、個人攻撃)の被害に遭っていると書いている。(31)

本書第2章に寄稿しているFeND(脱植民地化を目指すフェミニストネットワーク)で活動する小山エミへの誹謗中傷もひどいものだ。ツイッターやフェイスブックで受ける様々な中傷のみならず、現代史家の秦郁彦も『正論』で小山を誹謗し、デマに基づく情報を記載。(32) 右派は女性やセクシャルマイノリティに対する悪意に満ちたメッセージを書き散らして誹謗するのがいつものパターンとなっている。

さらに、元『朝日新聞』記者の植村隆がアメリカの大学での講演ツアーを行った際、UCLAでホスト役を務めた平野克哉は、そのためにすでに決まっていた自身の講演をキャンセルせざるを得なくなったという。(33) さらに私自身も、集会で植村の基調講演の前座として講演をしたことや、植村のアメリカ・ツアー実現のきっかけの一つになった植村論文の翻訳を担当したことなどがおそらく契機になり、ネット上である程度のバッシングを受けるようにはなった。二〇一六年三月には国連の女性差別撤廃委員会の委員に皇室典範に関して圧力をかけた、などと全く身に覚えがないことを右派のジャーナリストにツイートされたりもしているが、今のところはネット上にとどまっており、ダデンらの深刻な被害に比べたら度合いは軽い。

右派による英語発信の増加

先述のように、「史実を世界に発信する会」など、ウェブサイトやメールなどの手段で、英語で発信する団体は以前からあった。また、日本の歴史修正主義系の書籍や資料が海外の研究者などに送られてきたことも、初めてではない。だが、安倍政権となって以降、河野談話の見直しが注目されるなど「慰安婦」問題への注目が高まり、二〇一四年頃からは朝日の検証報道へのバッシングもあり、日本の右派による英語発信は確実に増加した。「日本では「慰安婦」問題は勝利したので、これからの主戦場はアメリカだ」と右派はより強く主張するようになり、英語での発信が今まで以上に重要視されることになったのだ。

右派の知識人や運動家らにより、外国特派員協会での記者会見も時折行われるようになっている。また、英語もしくは日英両語でのサイト制作は、以前から「史実を世界に発信する会」が行っていたが、「慰安婦」問題のパネル製作やパネル展の開催を主要な活動とする「捏造慰安婦問題を糾す日本有志の会」も、二〇一四年八月以降、英語情報も含めた発信をブログで行うようになった。フェイスブックにおいても、英語で「慰安婦」否定論などの発信をする在外日本人のページが出てきており、ユーチューブなどの動画共有サイトにも、「慰安婦」否定論の動画が増えた。さらに、本書第2章で小山が詳述しているように、谷山雄二朗は、「慰安婦」問題否定論の映画『Scottsboro Girls』を制作し、アメリカのセントラルワシントン大学での上映会を行った。

このように、様々な手段で英語での発信を試みている右派であるが、日本の右派の立場からの学術書も、日本語の書籍の翻訳書も、英米圏で評価される学術系の出版社から出すことは未だにできていない。右派運動に関わる人たちへの私の取材によれば、「慰安婦」問題に関しては、英語でも吉見義明『従軍慰安婦』（岩波新書、一九九五年）の英訳書 *Comfort Women* (Columbia University Press, 2002) が、高く評価される学術系出版社であるコロンビア大学出版会から出ていることをはじめとして、多数の書籍が存在する反面、自らの陣営は学術書が出せていないことは、アメリカの政治家などへの説得力も持ちづらくなるため、由々しきことと捉えられているようだ。例えば、前述の秦郁彦の『慰安婦と戦場の性』を出版できたら、といった声も複数から聞いたことがある。日本の右派がアメリカで「歴史戦」を戦う上で、最大の弱点の一つが、英文書籍の欠落、特に学術書の欠落であり、それは右派の中でも自覚されているのだろう。

英語発信の必要性を強く認識する右派団体は、英文、もしくは日英両語による「慰安婦」問題のパンフレットを発行し、無料で配布したり、サイトに掲載したりしている。例えば、「史実を世界に発信する会」に加え、「日本政策研究センター」や「「慰安婦の真実」国民運動」「なでしこアクション」などが英文パンフレットを発行し、販売、送付、あるいは配布活動を行っている。

また、書籍の英訳版の発行も始まっている。例えばグレンデール裁判の原告、目良浩一は、英語

「なでしこアクション」などによる英文パンフ(筆者蔵).

で *Comfort Women not "Sex Slaves": Rectifying the Myriad of Perspectives* (Xlibris US, 2015)という書籍を出版した。産経新聞社の『歴史戦』(産経新聞出版、二〇一四年)の英日対訳版、*History Wars* (古森義久監訳、産経新聞出版、二〇一五年)や、呉善花『なぜ「反日韓国に未来はない」のか』(小学館新書、二〇一三年)の英訳版 *Getting Over It!: Why Korea Needs to Stop Bashing Japan* (たちばな出版、二〇一五年)も出版。このうち呉は、「『Getting Over it! Why Korea Needs to Stop Bashing Japan』三千部、アメリカの政治家、研究家、図書館などに送付」という内容の助成を住宅事業会社「フジ住宅」の今井光郎会長が理事を務める「一般社団法人今井光郎文化道徳歴史教育研究会」から受けている。私にも著者から二〇一五年の八月に送られており、呉の本が送られたというアメリカの研究者は多い。

GAHTもまた、目良の本と、呉善花の書籍、産経新聞社の歴史戦の三冊を、サンフランシスコ市議や日本研究学者ら一〇〇名以上に送付したとサイト上で報告している。目良が著書を出版したXlibrisは自費出版専門であり、また、呉の著書の英語版を出版したたちばな出版や、歴史戦英日対訳版の産経新聞出版は日本の版元であるため、これらの本がアメリカの書籍マーケットで売れることはほとんど期待できないが、様々なところに送付することを目的として出版されているのだろう。目良は今後、日本の第二次大戦の関与に関する英文図書を出版する予定だという。

このような書籍が時々届いていた中で、二〇一五年一〇月、アメリカのモンタナ州の私の勤務先の大学の住所宛に、自民党の猪口邦子参議院議員からのパッケージが届いた。私は猪口議員と面識はない。封筒には、送付元として猪口議員の名前と肩書きが書かれ、気付としてワシントンのフジサンケイ・コミュニケーションズ・インターナショナル支社の住所が記載されていた。中には、書籍二冊とネット記事コピーが三部、そして猪口議員サイン入りのカバーレターが同封されていた。同封されていた書籍は、呉善花の *Getting Over It!* と、産経新聞社の *History Wars* だった。同封されていたネット媒体掲載の三点の英文記事は、どれも韓国についての批判的な内容のもの。私が友人たちに聞いた範囲では、「日本の歴史家を支持する声明」に署名した研究者らや、それ以外の研究者（政治学者など）、および日本の外国特派員らに届いていた（第3章にあるように、オーストラリアの

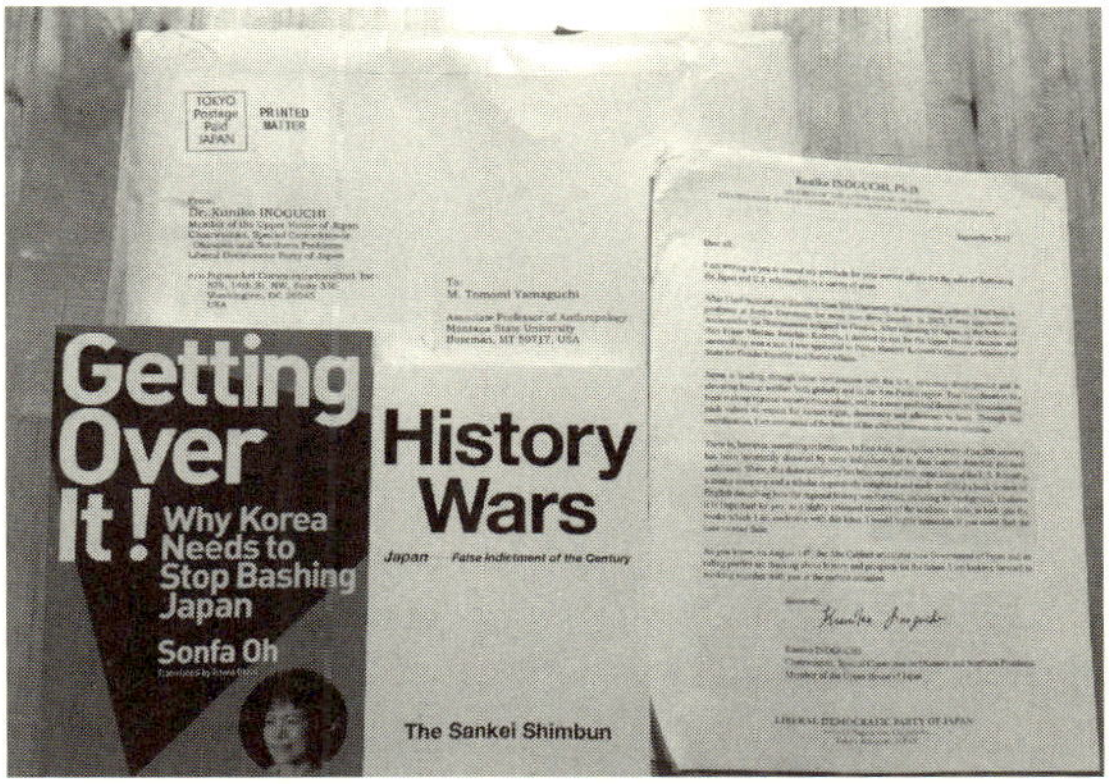

猪口邦子参議院議員から筆者に届いた手紙と書籍．宛名は「M. Tomomi Yamaguchi」とあり（Ms. などの誤りか），右側の手紙には猪口の署名がある．

テッサ・モーリス－スズキのところにも届いている）。

猪口議員は、これまで歴史修正主義的な発言で知られた議員ではなく、さらに国際政治学者でもある。本当にこれらの書籍の中身を理解した上で送ってきたのだろうか、名前を使われただけではないか、などの可能性も否定はしきれなかった。そこで送付元は本当に猪口議員事務所なのか確認しようと、私は猪口事務所に国際電話をかけた。すると猪口議員本人が電話口に出て、一五分ほど話すことができた。

結果として、これらの書籍は猪口議員が送ったものだということを確認した。猪口議員曰く、自民党の対外発信としてチームで取り組んでいるのだという。同封の手紙は、猪口議員一人ではなく、このチームで書いたもので、実質上、猪口議員の名前を使ってチームとして出したものだったという。「対外発信の一環として、様々な資料があって良いと考えて、英語になっているものも少ないのでこれらの書籍を送ったのだ。逆の立場、韓国の立場などは英語になっているから」と猪口は述べた。だが、猪口が電話口で私に向けて話した、河野談話遵守、日韓交流の推進、アジア女性基金への評価などの主張と、河野談話を否定（産経歴史戦）し、日韓断交まで示唆する（呉）、送付された二冊の主張は全く異なるものだった。

これらの本を送られた歴史学などを専門とする学者やジャーナリストたちにメールなどの手段で感想を聞いてみたが、全てが批判的なものだった。例えば、「不快だ、信じられない、ひどすぎる」などのものから、「自民党と安倍政権のプロパガンダであることが明らかで学術的価値はない」「歴史研究を一切参照していない」「自民党がこうした本を送ることで、海外学者らの考えを変えられるとか、再教育できるなどと思っていることが信じられない」などのものまで。また、多くの人が書籍がいったいどういった資金を使って送られているのか、公的資金ではないかという疑問も抱いていた。ちなみにTBSラジオや『東京新聞』『朝日新聞』などがこの猪口議員による書籍の送付について扱ったが、資金の出所はよく分からないままとなっている。(34)

これらの意見からもわかるように、海外の研究者やジャーナリストに対して、こうした書籍送付は明らかに逆効果だと言える。さらに猪口議員が送付した書籍は、河井克行首相補佐官など、自民党の議員らがワシントンDCを訪問した際にも、面会する要人などに配布していたのだという。自民党議員らも自らの「歴史戦」への関わりを隠さなくなっていることが見て取れる。

二〇一六年二月、今度は私の元に、電通からメールが届いた。日本政府が発行している、『We Are Tomodachi』(図4-2。「トモダチ」誌と略)という英文政府広報誌について、閲覧してコメントをしてほしいのだという。リンクが貼られていた「トモダチ」誌を閲覧してみたところ、安倍首相の成果の広報が主要目的としか見えない、あたかも「安倍グラビア写真集」のような雑誌だった。安倍首相の写真に隠れて、少々、観光や東北の復興、文化についての情報も掲載されているというものだった。私の学生たちに早速見せて聞いてみたところ「プロパガンダにしか見えない」と言う。これは政府広報の予算から作られ、ダウンロード版、キンドル版ともに、印刷版も作って、首相や大臣など要職に就く人々の外遊の際、配ることもあるらしい。二〇一三年冬から発行が開始された「トモダチ」誌だが、初期の数号には、尖閣、竹島などの日本の領土問題や日本海名称問題などに関する政府の主張が掲載されており、「歴史戦」の広報活動の一環という色彩も見えるものだった。

政府が発行する『We Are Tomodachi』Spring 2016 の表紙(左)と中ページ.

The Senkaku Islands: 3 Commonly Held Misconceptions

Many of the recent media stories about the Senkaku Islands seem to be based on mistaken notions. Here we examine some of the most commonly held misconceptions.

Misconception 1: "Japan 'seized' the Senkakus from China."

Stories about the Senkaku Islands often state casually that Japan "seized them" from China as a result of the Sino-Japanese War. Is this true? Japanese fishermen and merchants had already grown active in and around the Senkakus for some years by 1893 when some of them drifted ashore in China (then under the rule of the Qing Dynasty) and were questioned by the authorities there. Despite such an increase in activities by Japanese citizens on the Senkaku Islands, there is no record whatsoever of China having asserted sovereignty over these islands during that time, including in the aforementioned case. Against this backdrop, Japan incorporated the Senkakus into Okinawa Prefecture with a Cabinet decision in January 1895. In no sense did Japan "seize" them, much less "steal" the islands from China. In this light, it is only natural that these islands did not come up for discussion in the April 1895 peace treaty negotiations at the end of the Sino-Japanese War of 1894-95. In the first place, a report on Japan submitted to the Qing government by one of its experts in 1889, titled *You li Riben tu jing* (Maps, Figures and Depiction of Japan based on field research), explicitly listed the Senkakus as Japanese territory. The preface to the report was written by none other than Premier Li Hongzhang, a powerful statesman who soon after represented China in the April 1895 peace talks. It is thus simply inconceivable that the Qing government considered the Senkakus to have been "seized" from it.

Misconception 2: "Japan is overturning the post-World War II order."

Stories about the Senkakus sometimes contain the assertion that Japan is seeking to overturn the post-World War II international order. This is also mistaken. One only needs to examine the way Japan's territory was determined under the San Francisco Peace Treaty, which is the very basis for the "postwar order" in East Asia. Under this treaty, Japan relinquished part of its prewar territories including Taiwan and the Korean Peninsula. The areas that Japan did not relinquish were thus determined to be Japanese territory under this treaty. The Senkakus were in the latter category. The treaty also provided that Okinawa, a portion of Japan's remaining territory under this treaty, was to be administered by the United States, and the scope of Okinawa, given in geographical coordinates of longitude and latitude, explicitly included the Senkakus. It is therefore only natural that, when the United States returned Okinawa to Japanese administration in 1972, the Senkakus were included in the reversion. Likewise, it is not surprising that two of the islands in the Senkakus continue to be designated as firing/bombing ranges for the U.S. forces in Japan by the United States and the Japanese governments.

It was in 1971 that China started to challenge this "postwar order" with assertions of sovereignty over the Senkakus, after the possible existence of oil deposits in the area was pointed out. Japan, meanwhile, has observed the United Nations Charter and supported the "postwar order" as a peace-loving nation that has not fired even a single shot against another nation during the entire postwar period and as a democracy that embodies universal values like the rule of law and respect for human rights.

It is often asserted that the Senkakus were "returned" to China under the Cairo Declaration of 1943, but this is another error. Needless to say, by definition, mere political documents like the Cairo Declaration cannot determine countries' territory. This can be done only by means of legal instruments on the basis of international agreements, such as the San Francisco Peace Treaty. To begin

50

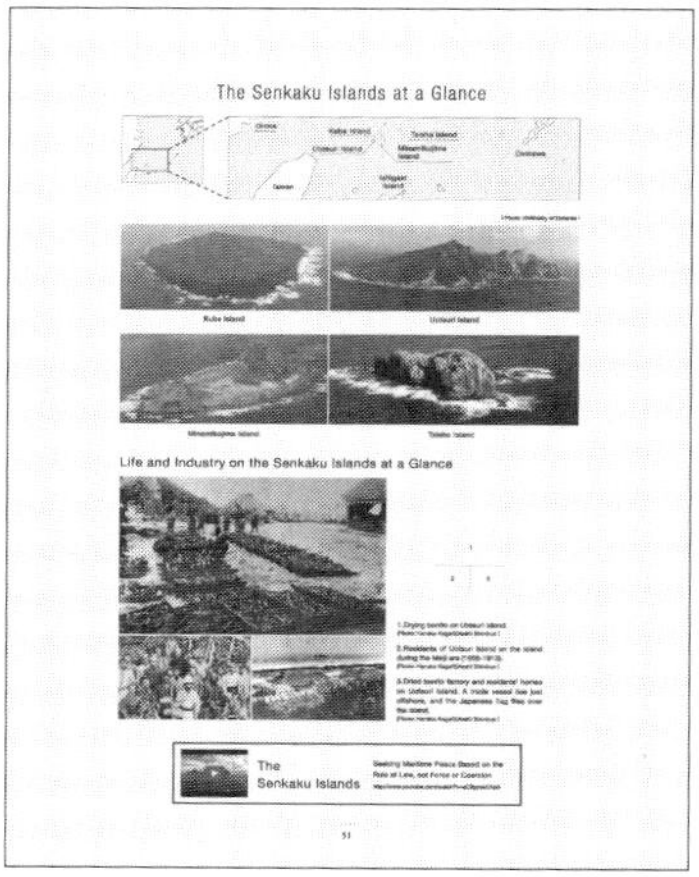

『We Are Tomodachi』Spring 2014 に掲載されている尖閣諸島についてのページ.

図 4-2

さらに外務省はロンドン、ロサンゼルス、サンパウロで電通などを事業主とした「『オールジャパン』の発信拠点であるジャパン・ハウス」を設置する予定である。「ジャパン・ハウスは、戦略的対外発信強化の一環として、日本の「正しい姿」や多様な魅力を浸透させ、知日派・親日派の裾野を一層拡大することを目的として、市内一等地に設置することを計画しています」といい、「政策、国際貢献を紹介」し、「対日理解の基盤を強化」することが最終的な目的として挙げられている[35]。元々の構想段階では、領土問題や歴史認識などについて政府の主張を伝える海外拠点にする予定だったが、有識者会議で「プロパガンダハウスと受け取られたら人が集まらない」などの異論を受けて、日本文化を紹介する「ソフト路線」に切り替えたと報道されている[36]。

このように「トモダチ」誌や「ジャパン・ハウス」計画は現段階ではあからさまな領土問題や歴史認識問題には踏み込んでいないものの、計画の初期にはそうした問題を主眼として構想されたものであり、今後も方向性がまた変わる可能性もある。注視が必要だろう。

「歴史戦」と国連、外務省

右派はアメリカが「慰安婦」問題の主戦場と主張してきたが、もう一つのターゲットは国連だ。「家族の絆を守る会FAVS」は、すでに二〇〇〇年代後半から国連活動を開始していたが、一四年頃から「慰安婦」問題に関して、日本の右派市民らの動きが活発になり始めた。

二〇一四年、ジュネーブで開かれた自由権規約委員会に、「『慰安婦の真実』国民運動」が代表団を派遣した。参加者は、「なでしこアクション」「つくる会」「テキサス親父」および日本事務局、

「論破プロジェクト」「家族の絆を守る会ＦＡＶＳ」「そよ風」、日本会議などのメンバーと多岐にわたっていた。これを皮切りに、一五年三月にはニューヨークでの女性の地位委員会会合時期に合わせて、トニー・マラーノ、高橋史朗、山本優美子、藤木俊一（「テキサス親父」日本事務局）、藤井実彦（「論破プロジェクト」）などのメンバーで、ニューヨーク市内で「テキサス・ナイト in NYC」というイベントを開催。また、一五年七月にも、国連の女子差別撤廃委員会が開かれていたジュネーブに、山本やマラーノ、藤井らに加え、前衆議院議員の杉田水脈や、「つくる会」副会長の岡野俊昭も行ったという。[37] 一六年二月には、山本、杉田らの右派が、ジュネーブの女子差別撤廃委員会に行き、同年三月のニューヨークでの女性の地位委員会の際には、山本、杉田、マラーノ、藤井、藤木、細谷清（「ＦＡＶＳ」）らが、二回の並行企画を含む、計四回の集会を開催するなど、活動を活発化させている。

国連に意見書を提出するなどの活動も行っているが、現実的にこうした「「慰安婦の真実」国民運動」系の意見書および活動は、国連の場ではアピール力は皆無だろう。むしろ、日本政府や、政府と協力関係の元に動いている、主流保守の動きに着目する必要がある。

二〇一五年一二月、「慰安婦」問題に関する日韓外相会談の結果、両国が「合意」した。それまでは、安倍首相をはじめとした保守政治家らの発言と、読売や産経などの保守マスコミ、日本会議などの政権に近い主流保守運動、さらには在特会などの排外主義運動に至るまで、「慰安婦」問題に関する認識の違いは実質的にはない状況だった。そのため、様々な右派運動と、右派メディア、そして自民党や次世代の党の議員や、政権までもが共闘して、国内のみならず、世界を相手に「慰安婦」否定を目指した「歴史戦」に取り組んでいた、という状況があった。

だが安倍政権が結んだ「合意」への反応は、右派の間でも異なるものだった。合意直後に「頑張れ日本！」は抗議行動を起こし、「つくる会」や「なでしこアクション」などの「「慰安婦の真実」国民運動」系統、ＧＡＨＴなども「合意」に激しく反発。さらに、中西輝政、西岡力などの、主流保守系論者も反対の立場を打ち出している(38)。だが、政権に近い主流保守、例えば八木秀次、高橋史朗などは「合意」をある程度評価したコメントを出し、日本会議や日本政策研究センターなどの保守団体は声明を出すなどの動きは取らず、機関誌でも言及は少ない。

このように右派が割れる中で、二〇一六年二月一六日、国連ジュネーブ本部の女性差別撤廃委員会の政府報告審査において、杉山晋輔・外務審議官は、「日本政府が発見した資料の中には軍や官憲による、いわゆる強制連行というものを確認するもの、確認できるものはありませんでした」と述べ、さらに吉田証言に関して「当時、大手の新聞社の一つである朝日新聞社により、事実であるかのように大きく報道され、日本、韓国の世論のみならず国際社会にも大きな影響を与えました」と発言。また『朝日新聞』が女子挺身隊と慰安婦を混同したことが「二〇万人」という数字のもとになっており、「「性奴隷」といった表現は事実に反します」などと述べた。

こうした主張は、今まで右派の知識人や運動家、自民党の政治家らが行ってきたものと同じであるが、今回、国連という場において、外務省が日本政府の公式見解として右派と同じ歴史観を発表し、さらには私企業である朝日新聞社を批判した、という点に大きな特徴がある。すなわち、「歴史戦」が日本政府により、国連という場で繰り広げられたわけだが、特に攻撃されたのは、右派なら誰もがある程度攻撃対象として納得できる朝日新聞社だった。今後も、対外的にも攻撃しても問題がないと考えられる朝日新聞社へのバッシングが、政府からも右派からも激しくなる可能性は高いかもしれない。

さらに、二〇一五年一〇月九日、ユネスコの記憶遺産に、南京大虐殺の資料が登録されたが、このユネスコの現場に高橋史朗がオブザーバーとして参加し、外務省は高橋の意見書も提出していた(39)。

このように高橋は現在、外務省と近い関係にあると思われる。その高橋は、新刊書『「日本を解体する」戦争プロパガンダの現在――WGIPの源流を探る』(宝島社、二〇一六年)において、次回二〇一七年の登録に向けて、中国が「慰安婦」に関する資料を再度申請するとし、台湾、韓国、北朝鮮、フィリピン、オランダを合わせた共同申請となると予想している。「今までの慰安婦問題の中心は韓国だったが、今度は、その主役が中国に変わり、しかも、仲間の国々を連れて入ってくる形となるのだ。戦後七〇年が過ぎ、新たな対日包囲網が形成されつつある」と述べている。高橋はさらに、今後は「中国人慰安婦」問題に注目すべきとし、「今、我々は、ユネスコ記憶遺産の「南京大虐殺」登録に続き、慰安婦をめぐる情報戦、歴史戦の天下分け目の戦いの正念場に立たされている。外野からヤジを飛ばして要求するだけではなく、内野に降りて官民一体となって共に戦い、この国難に立ち向かうことが求められているのだ」と書く(40)。逆に「合意」が「大惨事」だったとする中西輝政は、安倍政権を「外務省のための政権」で「歴史左派」だとし、もはや期待すべきではないという。そして「民間の力だけで「日本の主張」を世界に訴えてゆく気概を取り戻さなければならない」と主張する(41)。

このように、「日韓合意」後、右派の立場は分裂しているが、日本政府も右派も「慰安婦」問題をめぐる「歴史戦」を終わらせそうには見えない。おそらく今度はターゲットを『朝日新聞』や中国などに定めつつ、より官民一体度を高め、様々な広報活動などを行いつつ、キャンペーンを張り続けるのではないだろうか。

注

（1）一九八四年に伊藤哲夫を代表として設立された日本政策研究センターは、一九九〇年代以降「慰安婦」問題を重要視し続け、今日に至るまで記事や冊子を出し続けており、右派の「慰安婦」問題に関する言説をリードしてきたと言えるだろう。その機関誌『明日への選択』に、「慰安婦」問題に関して頻繁に登場してきたのが、西岡力だった。朝日新聞の植村隆記者執筆の金学順についての記事への批判についても、西岡が『文藝春秋』一九九二年四月号で執筆した直後に、『明日への選択』一九九二年四月号で西岡の巻頭インタビューが行われている。

（2）小山常実、杉原誠四郎、高橋史朗、高森明勅、藤岡信勝「『史』一〇〇号記念大座談会「つくる会」の歩みを振り返る」『史』二〇一三年九月号(一〇〇号)、三ページ。

（3）中川昭一「『従軍慰安婦』『強制連行』は虚構だ」日本会議『日本の息吹』一九九七年一二月号、九―一〇ページ。

（4）二〇〇〇年一二月、東京で開かれた日本軍性奴隷制を裁く民衆法廷。

（5）ビデオ塾『女性国際戦犯法廷の記録「沈黙の歴史をやぶって」』二〇〇一年。

（6）永田浩三『ＮＨＫと政治権力――番組改変事件当事者の証言』岩波現代文庫、二〇一四年。

（7）世界出版サイト。http://www.sekai-shuppan.com/sekai.html

（8）成澤宗男「安倍晋三と「慰安婦」問題　発言に見る、極右政治家の実像」Peace Philosophy Centre。http://peacephilosophy.blogspot.com/2015/07/blog-post_11.html

（9）二〇〇六年から〇七年にかけて、ジャーナリストの岡本明子は『正論』に、「反日ＮＧＯ」と国連が「赤い癒着」をしているとか、アメリカやヨーロッパのフェミニズム路線の影響で「赤い国連」状態であるなどと主張する記事を書いている（「「赤い国連」、そして家族破壊者たちとの闘い」『正論』二〇〇六年一一月号、「日本で報道されない欧州が陥った家族政策の袋小路」『正論』二〇〇七年八月号）。

（10）日本会議地方議員連盟「草莽崛起　PRIDE OF JAPAN」二〇〇七年四月二八日。http://prideofjapan.blog10.fc2.com/blog-entry-814.html

（11）「なめ猫♪」（近藤将勝）ブログ「国連の女性差別撤廃委員会への審査の場に保守派から地方議員が初参加」に引用された、岡本明子による呼びかけ文より（二〇〇九年七月二四日）。http://genyosya.blog16.fc2.com/blog-entry-1400.html

（12）H-Japan, April 16, 2008. http://h-net.msu.edu/cgi-bin/logbrowse.pl?trx=vx&list=h-japan&month=0804&week=c&msg=uHqZi6GBPHToygvx8JxmIQ&user=&pw

（13）「日本の歴史家を支持する声明」日英両語による全文は *The Asia-Pacific Journal: Japan Focus* に掲載されている。http://apjjf.org/-Asia-Pacific-Journal-Feature/4828/article.html

（14）「日本軍慰安婦問題解決のための定期水曜デモ」として、毎週水曜日に、ソウルの日本大使館前で、元「慰安婦」や支援者らが行ってきた集会形式の日本政府への抗議行動。

（15）岡本明子「米国の邦人子弟がイジメ被害　韓国の慰安婦反日宣伝が蔓延する構図」『正論』二〇一二年五月号、一二六—一三三ページ。

（16）なでしこアクション「豪州に慰安婦像はいらない！　シドニーとストラスフィールドにメッセージを送ろう！」。http://nadesiko-action.org/?page_id=5983

（17）山岡鉄舟「豪州の慰安婦像はこうやって阻止した」『正論』二〇一五年二月号、一五八—一六六ページ。

（18）例えばニューヨークで活動する「Japanese Women's Center」に関わる女性たちや「日本まほろば支

援局」の子安香、ミシガン州のケネディ日砂恵、セントラルワシントン大学で映画上映会を開催した岡田コリンズまり子など、「慰安婦」問題に関して右派の立場から活動する在米日本人女性は多い。

(19) 日本文化チャンネル桜「慰安婦の真実」国民運動発足記者会見、二〇一五年九月一一日。

(20) 「こちら特報部　慰安婦で嫌がらせ？　右派勢力懸念あおる」『東京新聞』二〇一四年八月二九日。

(21) 「特派員「外務省が記事を攻撃」独紙記者の告白、話題に」『朝日新聞』二〇一五年四月二八日。

(22) Anna Fifield "U.S. academics condemn Japanese efforts to revise history of 'comfort women'", *The Washington Post*, February 9, 2015.

(23) 「「南京・慰安婦の存在、我が国は否定」自民・原田氏」『朝日新聞』二〇一五年一〇月二日。

(24) 自民党サイト「会議情報」(https://www.jimin.jp/activity/conference/weekly.html) 一〇月二日の会議内容の記述より。

(25) NHKニュース「官房長官「慰安婦碑設置決議は残念」」二〇一五年九月二四日。

(26) 「朝日グレンデール裁判を支援する会」サイト。http://www.ianfu.net

(27) 「朝日新聞を糾す国民会議」サイト。http://www.asahi-tadasukai.jp

(28) 高橋史朗『「日本を解体する」戦争プロパガンダの現在――WGIPの源流を探る』宝島社、二〇一六年、二〇四ページ。

(29) この一九人の米歴史学者による声明は、歴史学研究会による、「声明政府首脳と一部マスメディアによる日本軍「慰安婦」問題についての不当な見解を批判する」を受けた声明でもあったという。また、二〇一五年五月二五日には、日本の歴史学関係一六団体が、「「慰安婦」問題に関する日本の歴史学会・歴史教育者団体の声明」を発表しているが、こうした日本の学者らによる声明に対しては、右派研究者らはマスコミに対して声明を発表するなどの目立つ行動が見えないことからも、「主戦場」を海外と想定していることがわかる。

(30) アレクシス・ダデン「日本から届いた脅迫と「歴史修正主義本」」『週刊金曜日』二〇一六年三月一一日、三四―三五ページ。

(31) David McNeill, "Into the Valley of Trolls," *Number 1 Shimbun*, FCCJ, December 27, 2015.

(32) 秦郁彦「歴史戦場の慰安婦たち」『正論』二〇一五年三月号、二二三―二五六ページ。

(33) Katsuya Hirano, "A Reflection on Uemura Takashi's Talk at UCLA." *The Asia-Pacific Journal: Japan Focus*, Vol.13, Issue 33, August 9, 2015. http://apjjf.org/2015/13/33/Katsuya-Hirano/4363.html

佐住嘉文・長谷川綾「植村隆氏のスピーチを米国市民はどう受け止めたか」『週刊金曜日』二〇一五年五月二二日、二二―二三ページ。

(34) 荻上チキ Session 22「【書き起こし】自民党・猪口邦子参議院議員　電話インタビュー」二〇一五年一〇月三〇日(http://www.tbsradio.jp/ss954/2015/10/post-314.html)。「海外へ歴史本、波紋呼ぶ」『朝日新聞』二〇一五年一二月七日。「こちら特報部　歴史戦争不毛な執着　消しきれない修正主義」『東京新聞』二〇一五年一二月八日。

(35) 外務省「海外広報「ジャパン・ハウス(仮称)」の創設・運営業務」二〇一六年三月一八日。http://www.mofa.go.jp/mofaj/p_pd/pds/page24_000421.html

(36) 「ジャパン・ハウス、領土問題や歴史の展示なし　概要発表」『朝日新聞』二〇一六年三月二六日。

(37) 杉田水脈ブログ「国連報告会のため、上京しています」二〇一五年九月九日。http://blog.livedoor.jp/sugitamio/archives/2015-09-09.html

(38) 中西輝政・西岡力『なぜニッポンは歴史戦に負け続けるのか』日本実業出版社、二〇一六年。

(39) 「世界記憶遺産意見書　日本、「南京」否定派を引用　ユネスコ受け入れず」『毎日新聞』二〇一五年一一月六日。

(40) 前出高橋『「日本を解体する」戦争プロパガンダの現在』二一―二二、三一九ページ。

(41) 中西輝政「さらば安倍晋三、もはやこれまで」『歴史通』二〇一六年五月号。

＊本稿は、『季刊戦争責任研究』第八五号、二〇一五年冬季号に掲載された、山口智美「「慰安婦」問題と右派の動き」を、大幅に加筆修正したものである。

おわりに──浸透・拡散する歴史修正主義にどう向き合うか

能川元一

第1章と第4章では一九九〇年代から現在に至る歴史修正主義の展開をそれぞれ「言論」と「運動」という側面から概観した。第2章、第3章は現在に焦点を合わせ、海外における「歴史戦」の現状とそれに対する反響とをとりあげた。この二〇年間で「慰安婦」問題否認論が政治の中枢に浸透し、日本政府の外交政策を大きく左右するようになったことがおわかりいただけたのではないだろうか。

「歴史戦」における官民の連携ぶりを示す事例をもう一つ紹介しておきたい。「日本戦略研究フォーラム」は一九九九年に設立されたシンクタンク（一般社団法人）であり、役員や顧問、政策提言委員などには安倍晋三の側近中の側近と言われる衛藤晟一・参議院議員などの右派政治家、安倍に近いとされる葛西敬之・JR東海名誉会長などの財界人、高橋史朗、藤岡信勝、加瀬英明など本書に登場した右派知識人らが名を連ねている。なにより目を惹くのは自衛隊OBと外務省OBが多数関わっている点だ。現代表理事・会長の平林博も元外交官である。防衛省や外務省から調査事業を受託したり、現役の自衛官が機関誌『日本戦略研究フォーラム季報』に寄稿したりといった関わりを有している。同フォーラムが二〇一五年四月に開催した第三二回定例シンポジウムのテーマが「『歴史戦』をどう戦うか」であり、その内容は『日本戦略研究フォーラム季報』第六五号（二〇一五年七月）に掲載されている。

このシンポジウムには「慰安婦」問題否認論の旗振り役の一人、ジャーナリストで国家基本問題研究所理事長の櫻井よしこが「日本の沈黙、いま打ち破るとき」と題するビデオメッセージを寄せている。そこで櫻井はクマラスワミ報告に含まれる元「慰安婦」被害者の証言について「日本人なら決してしないような野蛮な、残酷な罪の数々」（傍点引用者）だと否認し、一一世紀に成立した中国の史書『資治通鑑《しじつがん》』を引き合いに出して「元慰安婦だったという女性たちが、このようにして日本軍に苛められた、拷問された、挙句の果てに殺されたという証言と同じ内容の刑罰が中国において罪人や政敵に与えられていた刑罰と全く同じだったということがわかりました」としている（同誌六ページ）。評論家の黄文雄《こうぶんゆう》らによって右派論壇にもちこまれたこの論法は、第1章でも触れた本質主義的民族観に基づくものだが、政府与党と浅からぬつながりをもつシンクタンクが主催するシンポジウムでこのようなあからさまなレイシズムが無批判に垂れ流されてしまうほどに、右派論壇の論理はこの社会の中枢を侵食しているのだ。

私たち四人が揃って指摘したように、日本軍「慰安婦」問題に関する日本の右派の主張が国際社会に受けいれられ、「歴史戦」がその戦略的な目標を達成する現実的な見込みは存在しない。本書執筆中に刊行された中西輝政と西岡力の共著『なぜニッポンは歴史戦に負け続けるのか』（日本実業出版社、二〇一六年三月)のタイトルは、国際社会での〝戦い〟の厳しさを右派自身も自覚していることを示している。ただし、日本社会の内部については事情が異なる。〝国内での戦いには完勝した〟という彼らの自信は決して客観的裏付けを欠くカラ元気ではない。そのことを如実に示すのが、二〇一五年一二月二八日に発表された「慰安婦」問題をめぐる日韓「合意」とその後の日本政府の振る舞いに対する、主要メディアや野党各党の反応だ。

アジア女性基金の事業が受けいれられなかったのは韓国だけではない。台湾でも半数以上の元「慰安婦」被害者は基金の事業を拒否した。基金の事業が受けいれられたと評しうる国にも政府による補償を求め続ける被害者は存在している。このような事情を完全に無視した今回の「合意」はそもそも日本軍「慰安婦」問題の解決を目指してすらいなかったのではないだろうか。ソウルの「平和の碑」(少女像)というささやかなモニュメントに対する日本側の執拗な撤去要求は、「河野談話」が示した「われわれは、歴史研究、歴史教育を通じて、このような問題を永く記憶にとどめ、同じ過ちを決して繰り返さないという固い決意」を反古にし、旧日本軍の「慰安所」制度に関する歴史的な記憶を封殺したいという欲望の現れではないのだろうか。このような疑問が主流メディアや野党から明確なかたちでぶつけられることはなかった、と言わねばならない。

それだけではない。第3章、第4章でも言及された日本政府による「強制連行」否認の企てが依拠している二〇〇七年(第一次安倍内閣当時)の「閣議決定」がはらむ欺瞞もメディアではほとんど黙殺されている。辻元清美・衆議院議員が第一六六回国会で提出した「安倍首相の「慰安婦」問題への認識に関する質問主意書」に対する答弁書(二〇〇七年三月一六日)は「同日(河野談話が発表された一

朝日新聞 夕刊

オランダ女性も慰安婦に

インドネシア

35人、4カ所に連行

旧日本軍将校ら12人に有罪判決

ハーグ軍事法廷資料 入手

融資保証の供与を示唆

新幹線「のぞみ」に続く

次世代車両 共同開発へ

JR東海とJR西日本

野党の再編成にかける

「行動力」を強く訴える

中枢機能、対象に

行革の必要性も

図　『朝日新聞』1992年7月21日の一面.

九九三年八月四日を指す。引用者）の調査結果の発表までに政府が発見した資料の中には、軍や官憲によるいわゆる強制連行を直接示すような記述も見当たらなかったところである」としている。この答弁がいわゆる「スマラン事件」に関する資料を無視していることは第3章で指摘したとおりである。『朝日新聞』の「吉田証言」報道が国際社会に「誤解」を与えたと主張する日本政府は、その『朝日』が一九九二年七月二一日夕刊の一面トップで報じた（図参照）ことがらについてはすっかり失念しているらしい。

だがこの閣議決定は同時に、一九九三年八月四日以降に研究者や支援者たちが発掘してきた多数の資料（連合国による戦犯裁判資料を含む公文書資料だけで五〇〇〇点を超える）を無視することで成り立ってもいるのだ。この二重の欺瞞については第一八三回国会と第一八五回国会において日本共産党所属の議員が質問主意書で追及しているのだが(1)、その事実は果たしてこの社会でどれだけ知られているだろうか？　河野談話の発表から〇七年の閣議決定まで一四年、現在までならすでに二三年が経過しようとしている。これほどの期間における調査研究の成果を完全に無視した主張を政府が平然と行い、マスメディアの多くもそれを無批判に受けいれてしまっているのが現状なのだ。河野談話の「政府としても、今後とも、民間の研究を含め、十分に関心を払って参りたい」という意思表示もやはり反古にされていると言うほかない。

この欺瞞は二〇一四年に導入された教科書検定に関する新基準(2)により、歴史教育の場にも持ち込まれることとなった。一五年に検定を通過した中学校の歴史教科書で唯一、日本軍「慰安婦」問題に関する記述を行ったことで注目を集めた「学び舎」の教科書は、「閣議決定その他の方法により示された政府の統一的な見解〔中略〕が存在する場合には、それらに基づいた記述がされていること」とする新基準により、「軍や官憲《かんけん》によるいわゆる強制連行を直接示すような資料は発見されていない」と付記することを余儀なくされた。

新基準による介入はこれにとどまらない。関東大震災時の朝鮮人虐殺や南京大虐殺に関する中学、高校の教科書の記述が「近現代の歴史的事象のうち、通説的な見解がない数字などの事項について記述する場合には、通説的な見解がないことが明示されている〔中略〕こと」という、南京大虐殺などを狙い撃ちにしたとしか思えない新基準によって、後退を強いられる事態になっている。

このように日本国内では右派の「歴史戦」は着々と成果をあげつつある。第4章で簡単に言及した右派団体による「慰安婦」問題否認のパネル展や、強制連行された朝鮮人の追悼碑などに対する攻撃など、本書では詳しくとりあげることのできなかった草の根の「歴史戦」も進められている。

本書によってこうした事態への危機感が広く共有されることを祈って止まない。

本書の執筆にとりくんでいる最中に明らかになってきた動向についても簡単に触れておきたい。二〇一五年末の日韓「合意」をめぐって右派の評価が分かれていることについては第4章で指摘しているが、右派論壇でも賛否両論が展開されている。

条件付きながら肯定的に評価しているのが「実に悔しいというのが本音」としつつ「政治・外交的に見れば大いに評価すべき」とする櫻井よしこ、「中国に決定的なダメージ」だとする遠藤誉（いずれも『WiLL』二〇一六年三月号）、「日本、特に保守派は日韓合意などにうろたえることはない」「東京裁判史観の払拭」というより大きな課題に、これからも取り組んでいかなければならない」とする渡部昇一（『WiLL』二〇一六年四月号）、「今回の合意の意義は日韓間の政治問題だった慰安婦問題が、日韓合意によって韓国の国内問題になったこと」だとする阿比留瑠比（『正論』二〇一六年三月号）などだ。

他方、「韓国がすでに広めた不当な誤解は、これからどうやって正せばよいのか」とする西尾幹二、「歴史的大愚行」とする水島総（いずれも『正論』二〇一六年三月号）、「安倍外交の致命的失敗」とする小浜逸郎（『Voice』二〇一六年五月号）、「保守政治家・安倍晋三の死」「まさに歴史的な大惨事」と評する中西輝政（『歴史通』二〇一六年五月号）らは明確に反対の立場を表明している。また合意への賛否よりも「今回の合意は大変不安定なものになっている」（西岡力『正論』二〇一六年三月号）、「政権が代われば約束を反故にして慰安婦問題は必ず蒸し返される」（呉善花『ＳＡＰＩＯ』二〇一六年三月号)、「野党の体質では政権を握った場合、反日情緒への迎合と愛国パフォーマンスで〝新たな裏切り〟に走ることは十分ありうる」(黒田勝弘、同誌同号)など先行きの不透明さを強調する論者もいる。

ただしこうした分裂も、〝国内では完勝〟という共通認識を前提としているのであり、この社会が歴史修正主義に呑み込まれてしまう危機に瀕していることはいくら強調してもし足りない。私たちとしてもこのような事態に抗すべく微力を尽くしたい。

本書の成立にあたっては企画や資料収集など早川タダノリさん、岩波書店編集部の田中宏幸さんにご助力をいただいた。また斉藤正美さんと日頃から情報交換・意見交換をさせていただいたことも大いに役立った。四名を代表してお礼申し上げたい。

注

(1) 二〇一三年四月二三日提出の「日本軍「慰安婦」問題の強制連行を示す文書に関する質問主意書」(紙智子・参議院議員)、同年六月一〇日提出の「強制連行の裏付けがなかったとする二〇〇七年答弁書に関する質問主意書」、一〇月一七日提出の「強制連行を示す証拠はなかったとする二〇〇七年答弁書に関する質問主意書」(いずれも赤嶺政賢・衆議院議員)。

(2) 二〇一四年一月一七日の「義務教育諸学校教科用図書検定基準及び高等学校教科用図書検定基準の一部を改正する告示」。

山口智美
1967年生まれ．モンタナ州立大学准教授．専門は文化人類学，フェミニズム．著書に『社会運動の戸惑い』(斉藤正美，荻上チキとの共著，勁草書房)，共編に『行動する女たちの会資料集成』全8巻(高木澄子ら編，六花出版)ほか．

能川元一
1965年生まれ．大学非常勤講師．専門は哲学．著書に『憎悪の広告』(早川タダノリとの共著，合同出版)，論文に「右派のイデオロギーにおけるネット右翼の位置づけ」(駒井洋監修・小林真生編著『レイシズムと外国人嫌悪』明石書店)ほか．

テッサ・モーリス-スズキ
1951年イギリス生まれ．オーストラリア研究協議会特別フェロー・オーストラリア国立大学教授．専門は歴史学，日本近代史．著書に『過去は死なない』(田代泰子訳，岩波現代文庫)，『批判的想像力のために』(平凡社ライブラリー)ほか．

小山エミ
1975年生まれ．「脱植民地化を目指す日米フェミニストネットワーク」(FeND)共同代表.

海を渡る「慰安婦」問題——右派の「歴史戦」を問う

2016年6月23日　第1刷発行
2021年5月25日　第3刷発行

著　者　山口智美《やまぐちともみ》　能川元一《のがわもとかず》
テッサ・モーリス-スズキ　小山《こやま》エミ

発行者　岡本　厚

発行所　株式会社　岩波書店
〒101-8002　東京都千代田区一ツ橋2-5-5
電話案内　03-5210-4000
https://www.iwanami.co.jp/

印刷・三秀舎　カバー・半七印刷　製本・松岳社

ISBN 978-4-00-022232-7　Printed in Japan

資料1 「河野談話」

慰安婦関係調査結果発表に関する河野内閣官房長官談話
平成5(1993)年8月4日

いわゆる従軍慰安婦問題については，政府は，一昨年12月より，調査を進めて来たが，今般その結果がまとまったので発表することとした．

今次調査の結果，長期に，かつ広範な地域にわたって慰安所が設置され，数多くの慰安婦が存在したことが認められた．慰安所は，当時の軍当局の要請により設営されたものであり，慰安所の設置，管理及び慰安婦の移送については，旧日本軍が直接あるいは間接にこれに関与した．慰安婦の募集については，軍の要請を受けた業者が主としてこれに当たったが，その場合も，甘言，強圧による等，本人たちの意思に反して集められた事例が数多くあり，更に，官憲等が直接これに加担したこともあったことが明らかになった．また，慰安所における生活は，強制的な状況の下での痛ましいものであった．

なお，戦地に移送された慰安婦の出身地については，日本を別とすれば，朝鮮半島が大きな比重を占めていたが，当時の朝鮮半島は我が国の統治下にあり，その募集，移送，管理等も，甘言，強圧による等，総じて本人たちの意思に反して行われた．

いずれにしても，本件は，当時の軍の関与の下に，多数の女性の名誉と尊厳を深く傷つけた問題である．政府は，この機会に，改めて，その出身地のいかんを問わず，いわゆる従軍慰安婦として数多の苦痛を経験され，心身にわたり癒しがたい傷を負われたすべての方々に対し心からお詫びと反省の気持ちを申し上げる．また，そのような気持ちを我が国としてどのように表すかということについては，有識者のご意見なども徴しつつ，今後とも真剣に検討すべきものと考える．

われわれはこのような歴史の真実を回避することなく，むしろこれを歴史の教訓として直視していきたい．われわれは，歴史研究，歴史教育を通じて，このような問題を永く記憶にとどめ，同じ過ちを決して繰り返さないという固い決意を改めて表明する．

なお，本問題については，本邦において訴訟が提起されており，また，国際的にも関心が寄せられており，政府としても，今後とも，民間の研究を含め，十分に関心を払って参りたい．

資料 2 「戦後 70 年談話」

［閣議決定］
内閣総理大臣談話
平成 27(2015)年 8 月 14 日

終戦七十年を迎えるにあたり，先の大戦への道のり，戦後の歩み，二十世紀という時代を，私たちは，心静かに振り返り，その歴史の教訓の中から，未来への知恵を学ばなければならないと考えます．

百年以上前の世界には，西洋諸国を中心とした国々の広大な植民地が，広がっていました．圧倒的な技術優位を背景に，植民地支配の波は，十九世紀，アジアにも押し寄せました．その危機感が，日本にとって，近代化の原動力となったことは，間違いありません．アジアで最初に立憲政治を打ち立て，独立を守り抜きました．日露戦争は，植民地支配のもとにあった，多くのアジアやアフリカの人々を勇気づけました．

世界を巻き込んだ第一次世界大戦を経て，民族自決の動きが広がり，それまでの植民地化にブレーキがかかりました．この戦争は，一千万人もの戦死者を出す，悲惨な戦争でありました．人々は「平和」を強く願い，国際連盟を創設し，不戦条約を生み出しました．戦争自体を違法化する，新たな国際社会の潮流が生まれました．

当初は，日本も足並みを揃えました．しかし，世界恐慌が発生し，欧米諸国が，植民地経済を巻き込んだ，経済のブロック化を進めると，日本経済は大きな打撃を受けました．その中で日本は，孤立感を深め，外交的，経済的な行き詰まりを，力の行使によって解決しようと試みました．国内の政治システムは，その歯止めたりえなかった．こうして，日本は，世界の大勢を見失っていきました．

満州事変，そして国際連盟からの脱退．日本は，次第に，国際社会が壮絶な犠牲の上に築こうとした「新しい国際秩序」への「挑戦者」となっていった．進むべき針路を誤り，戦争への道を進んで行きました．

そして七十年前．日本は，敗戦しました．

戦後七十年にあたり，国内外に斃れたすべての人々の命の前に，深く頭を垂れ，痛惜の念を表すとともに，永劫の，哀悼の誠を捧げます．

先の大戦では，三百万余の同胞の命が失われました．祖国の行く末を案じ，

家族の幸せを願いながら，戦陣に散った方々．終戦後，酷寒の，あるいは灼熱の，遠い異郷の地にあって，飢えや病に苦しみ，亡くなられた方々．広島や長崎での原爆投下，東京をはじめ各都市での爆撃，沖縄における地上戦などによって，たくさんの市井の人々が，無残にも犠牲となりました．

戦火を交えた国々でも，将来ある若者たちの命が，数知れず失われました．中国，東南アジア，太平洋の島々など，戦場となった地域では，戦闘のみならず，食糧難などにより，多くの無辜の民が苦しみ，犠牲となりました．戦場の陰には，深く名誉と尊厳を傷つけられた女性たちがいたことも，忘れてはなりません．

何の罪もない人々に，計り知れない損害と苦痛を，我が国が与えた事実．歴史とは実に取り返しのつかない，苛烈なものです．一人ひとりに，それぞれの人生があり，夢があり，愛する家族があった．この当然の事実をかみしめる時，今なお，言葉を失い，ただただ，断腸の念を禁じ得ません．

これほどまでの尊い犠牲の上に，現在の平和がある．これが，戦後日本の原点であります．

二度と戦争の惨禍を繰り返してはならない．

事変，侵略，戦争．いかなる武力の威嚇や行使も，国際紛争を解決する手段としては，もう二度と用いてはならない．植民地支配から永遠に訣別し，すべての民族の自決の権利が尊重される世界にしなければならない．

先の大戦への深い悔悟の念と共に，我が国は，そう誓いました．自由で民主的な国を創り上げ，法の支配を重んじ，ひたすら不戦の誓いを堅持してまいりました．七十年間に及ぶ平和国家としての歩みに，私たちは，静かな誇りを抱きながら，この不動の方針を，これからも貫いてまいります．

我が国は，先の大戦における行いについて，繰り返し，痛切な反省と心からのお詫びの気持ちを表明してきました．その思いを実際の行動で示すため，インドネシア，フィリピンはじめ東南アジアの国々，台湾，韓国，中国など，隣人であるアジアの人々が歩んできた苦難の歴史を胸に刻み，戦後一貫して，その平和と繁栄のために力を尽くしてきました．

こうした歴代内閣の立場は，今後も，揺るぎないものであります．

ただ，私たちがいかなる努力を尽くそうとも，家族を失った方々の悲しみ，戦禍によって塗炭の苦しみを味わった人々の辛い記憶は，これからも，決して癒えることはないでしょう．

ですから，私たちは，心に留めなければなりません．

戦後，六百万人を超える引揚者が，アジア太平洋の各地から無事帰還でき，日本再建の原動力となった事実を．中国に置き去りにされた三千人近い日本人の子どもたちが，無事成長し，再び祖国の土を踏むことができた事実を．米国や英国，オランダ，豪州などの元捕虜の皆さんが，長年にわたり，日本を訪れ，互いの戦死者のために慰霊を続けてくれている事実を．

戦争の苦痛を嘗め尽くした中国人の皆さんや，日本軍によって耐え難い苦痛を受けた元捕虜の皆さんが，それほど寛容であるためには，どれほどの心の葛藤があり，いかほどの努力が必要であったか．

そのことに，私たちは，思いを致さなければなりません．

寛容の心によって，日本は，戦後，国際社会に復帰することができました．戦後七十年のこの機にあたり，我が国は，和解のために力を尽くしてくださった，すべての国々，すべての方々に，心からの感謝の気持ちを表したいと思います．

日本では，戦後生まれの世代が，今や，人口の八割を超えています．あの戦争には何ら関わりのない，私たちの子や孫，そしてその先の世代の子どもたちに，謝罪を続ける宿命を背負わせてはなりません．しかし，それでもなお，私たち日本人は，世代を超えて，過去の歴史に真正面から向き合わなければなりません．謙虚な気持ちで，過去を受け継ぎ，未来へと引き渡す責任があります．

私たちの親 そのまた親の世代が，戦後の焼け野原，貧しさのどん底の中で，命をつなぐことができた．そして，現在の私たちの世代，さらに次の世代へと，未来をつないでいくことができる．それは，先人たちのたゆまぬ努力と共に，敵として熾烈に戦った，米国，豪州，欧州諸国をはじめ，本当にたくさんの国々から，恩讐を越えて，善意と支援の手が差しのべられたおかげであります．

そのことを，私たちは，未来へと語り継いでいかなければならない．歴史の教訓を深く胸に刻み，より良い未来を切り拓いていく，アジア，そして世界の平和と繁栄に力を尽くす．その大きな責任があります．

私たちは，自らの行き詰まりを力によって打開しようとした過去を，この胸に刻み続けます．だからこそ，我が国は，いかなる紛争も，法の支配を尊重し，力の行使ではなく，平和的・外交的に解決すべきである．この原則を，これからも堅く守り，世界の国々にも働きかけてまいります．唯一の戦争被爆国として，核兵器の不拡散と究極の廃絶を目指し，国際社会でその責任を

果たしてまいります．

私たちは，二十世紀において，戦時下，多くの女性たちの尊厳や名誉が深く傷つけられた過去を，この胸に刻み続けます．だからこそ，我が国は，そうした女性たちの心に，常に寄り添う国でありたい．二十一世紀こそ，女性の人権が傷つけられることのない世紀とするため，世界をリードしてまいります．

私たちは，経済のブロック化が紛争の芽を育てた過去を，この胸に刻み続けます．だからこそ，我が国は，いかなる国の恣意にも左右されない，自由で，公正で，開かれた国際経済システムを発展させ，途上国支援を強化し，世界の更なる繁栄を牽引してまいります．繁栄こそ，平和の礎です．暴力の温床ともなる貧困に立ち向かい，世界のあらゆる人々に，医療と教育，自立の機会を提供するため，一層，力を尽くしてまいります．

私たちは，国際秩序への挑戦者となってしまった過去を，この胸に刻み続けます．だからこそ，我が国は，自由，民主主義，人権といった基本的価値を揺るぎないものとして堅持し，その価値を共有する国々と手を携えて，「積極的平和主義」の旗を高く掲げ，世界の平和と繁栄にこれまで以上に貢献してまいります．

終戦八十年，九十年，さらには百年に向けて，そのような日本を，国民の皆様と共に創り上げていく．その決意であります．

平成二十七年八月十四日
内閣総理大臣 安倍晋三

年表／歴史認識問題をめぐる動き(1982-2016)

1982　「歴史教科書問題」の国際化(6月)．後に教科書検定における「近隣諸国条項」の追加につながる．

1985　中曽根康弘首相，靖国神社参拝．(8月)

1988　奥野国土庁長官，日中戦争について「あの当時日本に侵略の意図は無かった」と発言．辞任．(5月)

1991　金学順，元「慰安婦」として名乗り出る．(8月)

1992　宮澤首相，韓国で「慰安婦」問題についてお詫びと反省．(1月)

1993　自民党，「歴史・検討委員会」発足(安倍晋三議員ら参加)．1995年に『大東亜戦争の総括』を出版．
河野談話発表．(8月)

1994　オランダ政府，「日本占領下オランダ領東インドにおけるオランダ人女性に対する強制売春に関するオランダ政府所蔵文書調査報告書」を発表．(1月)

1995　「女性のためのアジア平和国民基金」，呼びかけ文発表．(7月)
村山談話発表．(8月)

1996　国連クマラスワミ報告書．(1月)

1997　中学歴史教科書7社全社に「慰安婦」記述登場．
「新しい歴史教科書をつくる会」設立総会．(1月)
「日本の前途と歴史教育を考える若手議員の会」(中川昭一代表，安倍晋三事務局長)設立．(2月)
「日本会議」「日本会議国会議員懇談会」設立．(5月)
第三次家永裁判最高裁判決．検定制度自体は合憲としつつ，南京大虐殺や731部隊などの記述に関する検定について裁量権の逸脱も認めた．(8月)

1998　小林よしのり『新・ゴーマニズム宣言SPECIAL　戦争論』(幻冬社)刊行．(6月)
国連，「マクドゥーガル報告書」採択．(8月)

2000　森喜朗首相，「神の国」発言．(5月)
「女性国際戦犯法廷」開催．(12月)

2001　「女性国際戦犯法廷」についてのNHK番組が改竄され放送(いわゆる「NHK問題」)．(1月)

2004　「日本文化チャンネル桜」設立．(4月)

2005　『朝日新聞』，安倍晋三，中川昭一両氏がNHK「女性国際戦犯法廷」番組に圧力をかけた，と報じる．(1月)
小泉純一郎首相，靖国神社参拝．(8月)

山野車輪『マンガ嫌韓流』(晋遊舎)刊行，ベストセラーに.（7月）

2006 第一次安倍政権発足.（9月．2007年9月まで）
八木秀次ら，「日本教育再生機構」設立.（10月）
この年から使われる中学教科書から「慰安婦」記述が一斉に消える.

2007 安倍首相，「慰安婦」への強制性否定する発言.（3月）
The Facts広告，『ワシントンポスト』に掲載.（6月）
アメリカ下院，対日「慰安婦」謝罪要求決議採択.（7月）
沖縄戦「集団自決」への軍の関与を否定しようとした教科書検定に抗議して，沖縄県で超党派の県民集会が開かれる.（9月）

2008 「日本の前途と歴史教育を考える議員の会」が監修した『南京の実相——国際連盟は「南京2万人虐殺」すら認めなかった』(日新報道)が刊行される.（8月）

2010 ニュージャージー州パリセイズパーク市に「慰安婦」碑設立.（10月）

2011 ソウル市の日本大使館前に「慰安婦」像設置.（12月）

2012 河村たかし名古屋市長，名古屋を訪問した南京市政府幹部を相手に「いわゆる南京事件はなかったのではないか」などと発言.（2月）
第二次安倍政権発足.（12月〜）

2013 橋下大阪市長「慰安婦は必要」発言が問題に.（5月）
橋下の会見に同席した桜内文城衆院議員が「吉見さんという方の本」を「捏造」と発言．吉見義明が提訴.（7月）
カリフォルニア州グレンデール市「慰安婦」像建設.（7月）
安倍首相，靖国神社参拝.（12月）

2014 NHK籾井新会長記者会見での発言が問題に.（1月）
「歴史の真実を求める世界連合会」(GAHT)，グレンデール「慰安婦」像の撤去要求の訴訟提起.（2月）
安倍政権による「河野談話」作成過程の検証結果発表.（6月）
国連自由権規約委員会に右派が調査団派遣.（7月）
『朝日新聞』による「慰安婦」報道の検証結果発表．朝日バッシング起きる.（8月）
自民党国際情報検討委員会，「慰安婦」問題に関し「「強制連行」の事実は否定され，性的虐待も否定されたので，世界各地で建設の続く慰安婦像の根拠も全く失われた」などと決議.（9月）
菅官房長官が「クマラスワミ報告」について，部分撤回を要求したことを発表.（10月）
京都朝鮮第一初級学校に対して差別的な街宣を行った右派団体に対して，人種差別撤廃条約を援用して1200万円以上の賠償を命じる判決が最高裁で確定.（12月）
『朝日新聞』「慰安婦」報道を検証した「第三者委員会報告書」公表.（12月）

2015 米マグロウヒル社発行の教科書の「慰安婦」に関する記述をめぐって，外務省が修正を求めたと報道.（1月）
日本政府の米教科書への圧力を批判し，米歴史学者19人が共同声明を発表.（2月）
NHK籾井会長，記者会見での発言が再度問題に.（2月）
欧米の日本研究の学者らが「日本の歴史家を支持する声明」発表．日本の歴史学関係15団体による「「慰安婦」問題に関する日本の歴史学会・歴史教育者団体の声明」発表.（5月）
ユネスコの「世界遺産」への軍艦島の登録をめぐり，日韓の対立が生じたが，登録された.（7月）
自民党「文化芸術懇話会」，政府に批判的な報道機関に圧力をかける議論.（6月）
「安倍談話」発表．日本軍「慰安婦」問題には触れず.（8月）
オーストラリア・ストラスフィールド市議会で「慰安婦」碑決議が否決される.（8月）
外務省ウェブサイトの記述から「侵略」や「植民地主義」に関する項目削除.（9月）
米サンフランシスコ市議会，「慰安婦」碑の設置決議.（9月）
南京大虐殺について，ユネスコの記憶遺産登録をめぐり，日本政府や自民党がクレーム．シベリア抑留と引き揚げに関する「舞鶴への生還」も世界記憶遺産に登録されたが，これに対しロシア政府が撤回を要望，日本政府は拒否.（10月）
自民党が「中国が申請した「南京事件」資料のユネスコ記憶遺産登録に関する決議」で，ユネスコへの分担金停止の可能性を示唆.（10月）
原田義昭・自民党「国際情報検討委員会」委員長，「南京・慰安婦の存在，我が国は否定」と発言.（10月）
自民党・猪口邦子議員，米豪の日本研究学者や，外国特派員らに歴史修正本を送付.（9-10月）
自民党，「歴史を学び未来を考える本部」(本部長・谷垣禎一幹事長)発足.（11月）
日韓外相会談で，「慰安婦」問題に関して両外相が「合意」.（12月）

2016 自民党の稲田朋美政調会長，「慰安婦像撤去が解決の前提」と発言.（1月）
参院予算委で安倍首相が「強制連行を示す資料はない」という趣旨の答弁.（1月）
国連女性差別撤廃委員会の対日審査で，杉山晋輔外務審議官が「強制連行を確認できる資料はない」「性奴隷だったという事実はない」「朝日新聞の報道が大きな影響を与えた」などと主張.（2月）

作成：能川元一，斉藤正美，山口智美